T0131465

Bibliothek der Mediengestaltung

Bibliothek der Mediengestaltung

Konzeption, Gestaltung, Technik und Produktion von Digital- und Printmedien sind die zentralen Themen der Bibliothek der Mediengestaltung, einer Weiterentwicklung des Standardwerks Kompendium der Mediengestaltung, das in seiner 6. Auflage auf mehr als 2.700 Seiten angewachsen ist. Um den Stoff, der die Rahmenpläne und Studienordnungen sowie die Prüfungsanforderungen der Ausbildungs- und Studiengänge berücksichtigt, in handlichem Format vorzulegen, haben die Autoren die Themen der Mediengestaltung in Anlehnung an das Kompendium der Mediengestaltung neu aufgeteilt und thematisch gezielt aufbereitet. Die kompakten Bände der Reihe ermöglichen damit den schnellen Zugriff auf die Teilgebiete der Mediengestaltung.

Weitere Bände in der Reihe ▶ https://link.springer.com/bookseries/15546

Peter Bühler · Patrick Schlaich · Dominik Sinner

Bild- und Grafikprojekte

Briefing – Planung – Produktion

Peter Bühler
Backnang, Deutschland

Patrick Schlaich
Kippenheim, Deutschland

Dominik Sinner
Konstanz-Dettingen, Deutschland

ISSN 2520-1050   ISSN 2520-1069 (electronic)
Bibliothek der Mediengestaltung
ISBN 978-3-658-36850-0   ISBN 978-3-658-36851-7   (eBook)
https://doi.org/10.1007/978-3-658-36851-7

Die Deutsche Nationalbibliothek verzeichnet diese Publikation in der Deutschen Nationalbibliografie; detaillierte bibliografische Daten sind im Internet über ▶ http://dnb.d-nb.de abrufbar.

Planung: David Imgrund
Springer Vieweg ist ein Imprint der eingetragenen Gesellschaft Springer Fachmedien Wiesbaden GmbH und ist ein Teil von Springer Nature.
Die Anschrift der Gesellschaft ist: Abraham-Lincoln-Str. 46, 65189 Wiesbaden, Germany

Vorwort

Die neue Buchreihe „Bibliothek der Mediengestaltung"
mit ihren 26 Bänden ist mittlerweile vollständig erschie-
nen und eingeführt. Die vielen positiven Rückmeldungen
von Ihnen, liebe Leserinnen und Leser, haben uns in
unserer damaligen Entscheidung bestätigt, das „Kompendium" aufzulösen und dessen Inhalte in Einzelbände auf-
zuteilen – eine Übersicht finden Sie am Ende des Buches.

Immer wieder wurden wir aber auch darauf angespro-
chen, ob wir die eher theorielastigen Bücher nicht durch
„Praxisbände" ergänzen könnten. Diesem nachvollzieh-
baren Wunsch tragen wir mit den nun vorliegenden
Projektebänden Rechnung.

Die Planung, Durchführung und Reflexion von Projekten stellt eine Kernkompetenz der Mediengestaltung
dar. In Projekten lassen sich nicht nur die theoretischen
Kenntnisse an Praxisbeispielen anwenden – die Lernen-
den erweitern hierdurch auch ihre Methoden-, Sozial-
und Personalkompetenz.

Bei der Konzeption der Projektebände haben wir das
Ziel verfolgt, jedes Projekt nach dem Prinzip der vollstän-
digen Handlung umfassend zu bearbeiten. Dies spiegelt
sich im identischen Aufbau der Kapitel wider.

Jedes Kapitel beginnt mit einem *Briefing*, in dem der
Projektauftrag vorgestellt und die hierfür erforderlichen
Fachkenntnisse beschrieben werden. Im Briefing erhalten Sie auch Hinweise auf die erforderliche Software
sowie einen Link zu den benötigten Projektdateien. Im
Abschnitt *Planung* wird der zur Umsetzung des Projekts
notwendige Workflow stichwortartig beschrieben. Wer
über die erforderlichen Softwarekenntnisse verfügt, kann
ab dieser Stelle mit der eigenständigen Umsetzung des
Projekts fortfahren. Alternativ führen wir Sie im Abschnitt
Produktion in ausführlichen Schritt-für-Schritt-Anleitun-

gen durch das Projekt. Zahlreiche Screenshots helfen auch Anfängern, sich in der Software zurechtzufinden. Die Bücher können somit wahlweise im Unterricht oder im Selbststudium, beispielsweise zur Prüfungsvorbereitung, eingesetzt werden.

Bei der Auswahl der Projekte haben wir uns an den Rahmenplänen, Studienordnungen und Prüfungsanforderungen der Ausbildungs- und Studiengänge der Mediengestaltung orientiert. Eine Übersicht über die Projektebände der Bibliothek der Mediengestaltung finden Sie auf der rechten Seite. Die zur Umsetzung der Projekte benötigten Dateien können Sie von der zur Buchreihe gehörenden Website bi-me.de herunterladen.

Die Bibliothek der Mediengestaltung richtet sich an alle, die eine Ausbildung oder ein Studium im Bereich der Digital- und Printmedien absolvieren oder die bereits in dieser Branche tätig sind und sich fortbilden möchten. Weiterhin richtet sich die Bibliothek der Mediengestaltung auch an alle, die sich in ihrer Freizeit mit der professionellen Gestaltung und Produktion digitaler oder gedruckter Medien beschäftigen.

Ein herzliches Dankeschön geht an unsere langjährige Lektorin Ursula Zimpfer sowie an David Imgrund und das Team des Verlags Springer Vieweg für die Unterstützung und Begleitung dieser Buchreihe. Ein großes Dankeschön gebührt aber auch Ihnen, unseren Leserinnen und Lesern, die uns in den vergangenen Jahren immer wieder auf Fehler hingewiesen und Tipps zur weiteren Verbesserung unserer Bücher gegeben haben.

Wir wünschen Ihnen, liebe Leserinnen und Leser, ein gutes Gelingen Ihrer Ausbildung, Ihrer Weiterbildung oder Ihres Studiums der Mediengestaltung und viel Spaß bei der Umsetzung vieler spannender Projekte.

Heidelberg, im Frühjahr 2022

Peter Bühler
Patrick Schlaich
Dominik Sinner
Thomas Stauss

Inhaltsverzeichnis

Nondestruktives Arbeiten

Briefing

Szenario

In vielen Fällen kommt es vor, dass ein Kunde Änderungswünsche hat. Wenn Sie ein Bild bearbeitet und danach gespeichert haben, dann können Sie dies nicht mehr rückgängig machen. Um dies zu verhindern, ist es in der Bildbearbeitung zwingend erforderlich, *nondestruktiv* zu arbeiten.

„Destruktiv" bedeutet zerstörend, die Umkehrung *nondestruktiv* heißt also, dass die Originaldaten eines Bildes (oder einer Bildebene) während der Bildbearbeitung nicht zerstört werden. Sämtliche Änderungen können rückgängig gemacht werden, falls diese nicht mehr gewünscht sind.

In diesem Projekt lernen Sie die wichtigsten Techniken der nondestruktiven Bildbearbeitung an einfachen Beispielen kennen.

SOFTWARE

- Photoshop (oder ein anderes Bildbearbeitungsprogramm)

DATEN

www.bi-me.de/download

VORWISSEN

S. 48: Basiskorrektur
S. 76: Retusche und Composing

Digitales Bild

© Der/die Autor(en), exklusiv lizenziert durch
Springer Fachmedien Wiesbaden GmbH, ein Teil von Springer Nature 2022
P. Bühler et al., *Bild- und Grafikprojekte*, Bibliothek der Mediengestaltung,
https://doi.org/10.1007/978-3-658-36851-7_1

Technische Angaben

Photoshop bietet verschiedene Techniken einer nondestruktiven Bildbearbeitung. Die wichtigsten Möglichkeiten sind:

- *Schnittmasken*
  Eine Schnittmaske können Sie sich vorstellen wie ein Papier, aus dem ein bestimmter Bereich ausgeschnitten wird und das danach auf ein Motiv gelegt wird. Vom Motiv ist dann nur der Bereich zu sehen, der aus der Maske ausgeschnitten wurde.
- *Ebenenmasken*
  Auch bei einer Ebenenmaske handelt es sich um eine Schnittmaske, nur dass diese – wie der Name sagt – direkt mit einer Photoshop-Ebene verbunden ist. Alle Bereiche, die auf der Maske entfernt werden, machen das Motiv der Ebene sichtbar. Alle nicht entfernten Bereiche decken das Motiv ab.
- *Einstellungsebenen*
  Mit Hilfe von Einstellungsebenen können Sie umfassende Korrekturen am Bild vornehmen, z. B. der Tonwerte oder der Farben. Dabei lassen sich beliebig viele Einstellungsebenen kombinieren und je nach Bedarf ein- oder ausblenden.
- *Smartobjekte*
  Als Smartobjekt bezeichnet man in Photoshop eingebettete Bilddateien oder Vektorgrafiken. Smartobjekte können Sie beliebig transformieren, z. B. vergrößern, verzerren, spiegeln oder drehen. Auch die Anwendung beliebiger Filter ist möglich, ohne dass das Original dabei zerstört wird.
- *Ebenenstile*
  Mit Hilfe der Ebenenstile können Sie die gewünschte Ebene mit Effekten wie Schatten, Schein, Glanz oder Konturen versehen.

Funktionsprinzip einer Maske
Das Original wird von der Maske lediglich abgedeckt. Wird die Maske entfernt, kommt das Original wieder unverändert zum Vorschein.

Planung

Download

- Übungsdateien downloaden

Schnittmasken

- Schnittmaske erstellen
- Bildmotiv maskieren

Ebenenmaske

- Ebenenmaske erstellen
- Bildmotiv maskieren

Einstellungsebenen

- Einstellungsebene erstellen
- Bildmotiv maskieren

Smartobjekte

- Datei als Smartobjekt öffnen
- Smartobjekt bearbeiten

Ebenenstile

- Ebenenstile anwenden

Produktion

Bilder downloaden

1 Downloaden Sie die benötigten Bilder[1] unter www.bi-me.de/download.

Schnittmaske erstellen

1 Öffnen Sie die Datei *buntstifte.jpg* in Photoshop.

2 Klicken Sie auf das Schloss-Symbol **A**, um die Ebene zu entsperren.

3 In unserem Beispiel verwenden wir als Schnittmaske einen Text:
- Wählen Sie das *Textwerkzeug* T.
- Klicken Sie auf das Bild und geben Sie den gewünschten Text ein.
- Wählen Sie die gewünschte Schriftart, Schriftgröße und den Schriftschnitt.
- Platzieren Sie den Text mit Hilfe des *Verschieben-Werkzeugs* ✛ an der gewünschten Stelle auf dem Bild **B**.

4 Verschieben Sie die Textebene mit gedrückter Maustaste *unter* die Ebene des Bildmotivs **C**.

5 Machen Sie einen Rechtsklick auf den Namen der Ebene des Bildmotivs (hier: Ebene 1 **D**) und wählen Sie *Schnittmaske erstellen*. Die Textebene unterhalb der Bildebene wird hierdurch zur Maske und blendet den restlichen Bildbereich aus.

6 Um die Maske zu entfernen, rechtsklicken Sie erneut auf die Bildebene und wählen *Schnittmaske zurückwandeln*.

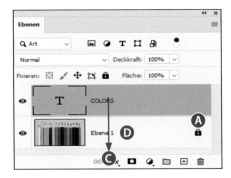

---

1 Alle hier verwendeten Bildmotive stammen von www.pixabay.com (Zugriff: 26.01.2021).

Ebenenmaske verwenden

1 Öffnen Sie die Datei *vogel.jpg* in Photoshop und entsperren Sie die Ebene.

2 Fügen Sie im Menü *Datei > Platzieren und einbetten…* die Datei *blume.jpg* ein. Bestätigen Sie mit der ⬜-Taste.

3 Verschieben Sie die Blumen-Ebene mit gedrückter Maustaste *unter* die Ebene des Vogels.

4 Klicken Sie in der Ebenenpalette auf Icon Ⓐ, um eine *weiße* Ebenenmaske zu ergänzen Ⓑ. Die Farbe *Weiß* bedeutet, dass die Ebene unter der Maske (also die Blume) vollständig abgedeckt ist.

Ebenenmaske mit Pinsel bearbeiten

1 Wählen Sie *Schwarz* als Vordergrundfarbe .

2 Wählen Sie das *Pinsel-Werkzeug* 🖌 und achten Sie darauf, dass die Maske und nicht das Bild markiert ist Ⓒ.

3 Malen Sie mit dem Pinsel auf dem Bild, dann wird die Maske an dieser Stelle *schwarz* und die Ebene unter dem Vogel sichtbar.

4 Verwenden Sie das *Radiergummi-Werkzeug*, um den Vorgang 🩹 rückgängig zu machen.

Ebenenmaske mit Auswahlwerkzeugen bearbeiten

1 Wählen Sie *Weiß* als Vordergrundfarbe ⬛.

2 Wählen Sie das *Zauberstab-Werkzeug* 🪄 und klicken Sie auf den braunen Hinter-

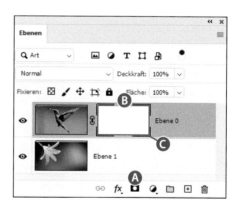

grund. Klicken Sie mit gedrückter ⇧-Taste auf weitere Bereiche des Hintergrunds, um ihn möglichst komplett zu markieren.

3 Alternativ zum Zauberstab können Sie die Maske mit anderen Auswahlwerkzeugen bearbeiten, z. B. mit dem magnetischen Lasso-Werkzeug 🧲 oder mit dem Schnellauswahl-Werkzeug 🖌.

4 Drücken Sie die [entf]-Taste, um den markierten Hintergrund zu löschen.

Ebenenmaske über *Auswählen und maskieren* bearbeiten

1 Machen Sie einen Rechtsklick auf die weiße Ebenenmaske und wählen Sie die Option *Auswählen und maskieren…*

2 Klicken Sie im oberen Bildbereich auf *Motiv auswählen* **A**. Wenn sich Motiv und Hintergrund deutlich unterscheiden, dann findet Photoshop wie von Geisterhand die Kontur. Fehlerhafte Stellen

können Sie manuell durch Hinzufügen oder Abziehen **B** ausbessern.

3 Klicken Sie rechts unten auf *OK*, um die die Auswahl zu übernehmen.

Ebenenmaske deaktivieren oder löschen

1 Nach einem Rechtsklick auf die Ebenenmaske können Sie entscheiden, ob Sie diese *deaktivieren* oder *löschen* wollen. Die Option *Ebenenmaske anwenden* sollten Sie *nicht* wählen, weil dann das Bild destruktiv verändert würde.

Einstellungsebenen verwenden

1 Öffnen Sie die Datei *vw-bus.jpg* in Photoshop.

2 Klicken Sie auf Icon **C** und wählen Sie die Option *Farbton/Sättigung…* Die Einstellungsebene wird oberhalb der Motivebene eingefügt.

3 Wie bei *Ebenenmasken* erzeugt Photoshop auch bei *Einstellungsebenen* eine (weiße) Maske. Erstellen Sie eine Maske für den orangefarbigen Bereich des Fahrzeugs **D**. Die Vorgehensweise lesen Sie bitte unter *Ebenenmasken* nach.

4 Klicken Sie in den linken Bereich der *Einstellungsebene* **E** und öffnen Sie, falls nicht sichtbar, Menü *Fenster > Eigenschaften*.

5 Setzen Sie das Häkchen bei *Färben* **F** und wählen Sie Farbton, Sättigung und Helligkeit.

Hinweis: Sie können beliebig viele weitere Einstellungsebenen ergänzen.

Mit Smartobjekten arbeiten

1 Öffnen Sie die Datei *sportwagen.jpg* im Menü *Datei > Als Smartobjekt öffnen…* in Photoshop. (Falls Sie eine Datei nachträglich in ein Smartobjekt umwandeln möchten, rechtsklicken Sie auf den Ebenenname und wählen *In Smartobjekt konvertieren*.)

2 Klicken Sie auf das Schloss-Symbol, um die Ebene zu entsperren.

3 Wählen Sie im Menü *Bearbeiten > Transformieren > Horizontal spiegeln*.

4 Wählen Sie im Menü *Filter > Weichzeichnungsfilter > Bewegungsunschärfe*.

5 Deaktivieren Sie den Filter vorläufig, indem Sie auf das Auge **A** klicken.

6 Maskieren Sie das Auto **B** wie unter *Ebenenmasken* beschrieben, damit der Filter nur auf den Hintergrund angewandt wird.

7 Aktivieren Sie den Filter **A** wieder.

Hinweis: Das Originalbild ist noch vorhanden, Sie können es öffnen, indem Sie einen Doppelklick auf das Bildmotiv machen **C**.

Ebenenstile verwenden

1 Öffnen Sie eine neue Photoshop-Datei in der Größe 800 Pixel x 250 Pixel. Schreiben Sie ein Wort in einer Schriftgröße von 200 pt.

2 Klicken Sie auf *fx* **D** und experimentieren Sie mit den Effekten. Im Beispiel wurde *Abgeflachte Kante und Relief* sowie *Verlaufsüberlagerung* verwendet.

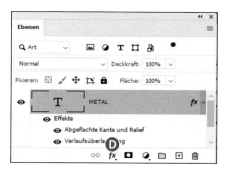

Bilddateien

Briefing

Szenario

Für eine groß angelegte Werbekampagne sind folgende Werbeträger vorgesehen:

- Flyer
- Plakat
- Messewand
- Website
- Instagramm

Sie erhalten den Auftrag, Bilder für die oben genannten Werbeträger aufzubereiten. Hierzu wählen Sie einen Bildausschnitt, so dass das Bild *formatfüllend* platziert werden kann. Im zweiten Schritt speichern Sie das Bild in einem für das jeweilige Medium geeigneten Dateiformat ab.

SOFTWARE

- Photoshop (oder ein anderes Bildbearbeitungsprogramm)

DATEN

www.bi-me.de/download

VORWISSEN

S. 16: Pixel
S. 20: Farbmodi
S. 22: Dateigröße
S. 23: Dateiformate
S. 44: Farbeinstellungen

Digitales Bild

S. 46: Responsive Layouts
S. 76: Bildtechnik
S. 78: Dateiformate

Webdesign

S. 36: Bilddateien
S. 52: Farbeinstellungen

Druckvorstufe

© Der/die Autor(en), exklusiv lizenziert durch
Springer Fachmedien Wiesbaden GmbH, ein Teil von Springer Nature 2022
P. Bühler et al., *Bild- und Grafikprojekte*, Bibliothek der Mediengestaltung,
https://doi.org/10.1007/978-3-658-36851-7_2

Technische Angaben

Bilder für Printmedien

Wichtige Bildparameter für Printmedien sind:

- *Bildmaß*: Die Breite und Höhe des Bildes wird bei Printmedien in Millimeter (mm) oder Zentimeter (cm) angegeben.
- *Auflösung*: Unter der Auflösung versteht man die Anzahl an Bildpunkten (dots), die pro Längenheit gedruckt wird. Da die Verwendung der englischen Längeneinheit Inch (dt.: Zoll) üblich ist, wird die Auflösung meistens in *dots per inch* (*dpi*) angegeben. Auf die Frage, wie hoch die Auflösung sein muss, erhält man oft 300 dpi als Antwort. Diese Antwort ist zwar nicht falsch, aber auch nicht grundsätzlich richtig. Wenn Sie einen Flyer produzieren, dann sind 300 dpi ein guter Wert, für ein Plakat kann die Bildauflösung aber geringer sein, weil Sie das Bild aus viel größerem Abstand betrachten. Zur Beurteilung der Auflösung müssen Sie deshalb immer wissen, aus welchem Abstand es betrachtet wird.
- *Dateiformat*: Für die Verwendung in Printmedien spielt die Datenmenge eines Bildes keine Rolle, so dass hierfür ein Dateiformat gewählt wird, bei dem keine Bilddatenkompression stattfindet. Das wichtigste Dateiformat für den Druck ist *TIF* (oder auch *TIFF*).
- *Farbraum*: Vermutlich wissen Sie, dass ein Bild in den Farbraum CMYK konvertiert werden muss, um gedruckt werden zu können. Dies ist zwar richtig, allerdings ist es mit der Umwandlung in einen (beliebigen) CMYK-Farbraum nicht getan – Sie richten hiermit eventuell sogar Schaden an. Wenn Sie nicht wissen, welchen CMYK-Farbraum die Druckerei verwendet, ist es eventuell besser, sie belassen das Bild im (größeren) RGB-Farbraum.

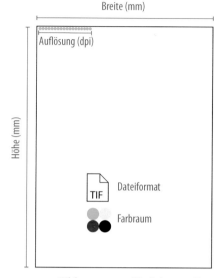

Bildparameter für Printmedien

Bilder für Digitalmedien

Wichtige Bildparameter für Digitalmedien sind:

- *Pixelmaß*: Als Pixelmaß bezeichnet man die Breite und Höhe des Bildes in Pixel. Das erforderliche Maß ist vom Endgerät (z. B. Smartphone oder Laptop) abhängig.
- *Device-Pixel-Ratio (DPR)*: Die Datenmenge von Bildern für hochauflösende Displays (Smartphones, Tablets) würde zu groß, wenn man alle Gerätepixel speichern würde. Aus diesem Grund fasst man mehrere Gerätepixel zu „Softwarepixeln" zusammen. Das Verhältnis von Gerätepixel (Device Pixel) zu Softwarepixeln wird als Device-Pixel-Ratio (DPR) bezeichnet.
- *Dateiformat*: Um die Datenmenge zu reduzieren, werden für Digitalmedien Bildformate verwendet, die eine Datenkompression ermöglichen. Wichtige Dateiformate sind *JPG* (oder auch *JPEG*) und *PNG*.

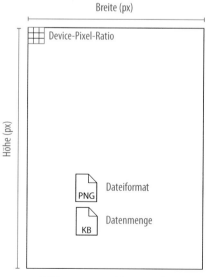

Bildparameter für Digitalmedien

- *Datenmenge:* Solange wir noch nicht flächendeckend über schnelles Internet verfügen, ist die Datenmenge eines Bildes ein wichtiger Parameter. Je größer die Datenmenge des Bildes ist, umso länger dauert die Datenübertragung. Die Datenmenge wird in Kilobyte (KB) oder Megabyte (MB) angegeben.

Auflösung bzw. Pixelmaße

Werbeträger	Format	Ausrichtung	Größe (B x H)	Auflösung/Pixelmaß
Flyer	DIN lang	hoch	10,5 x 21 cm	300 dpi
Plakat	DIN A2	hoch	42 x 59,4 cm	150 dpi
Messewand	(kein Name)	quer	225 x 150 cm	75 dpi
Website (Monitor)	Full HD	quer	1.920 x 1.080 Pixel	1.920 x 1.080 Pixel
Website (Smartphone)	Full HD+	hoch	1.080 x 2.340 Pixel[1]	360 x 780 Pixel[2]
Instagram	(kein Name)	quadratisch	1.080 x 1.080 Pixel	1.080 x 1.080 Pixel[3]

1   Für Smartphones gibt es viele unterschiedliche Formate. Das in der Tabelle verwendete Maß ist daher als Beispiel zu verstehen. Um Bilder optimal an die unterschiedlichen Endgeräte anzupassen, müssen sie in mehreren Versionen gespeichert werden. Mit Hilfe von CSS3 wird dann die zum Endgerät passende Datei ausgewählt. In dieser Übung beschränken wir uns auf ein Pixelmaß.

2   Wie Sie in der Tabelle sehen, verwenden wir für Monitore ein Device-Pixel-Ratio von 1, so dass für jedes Gerätepixel ein Bildpixel zur Verfügung steht. Bei den Smartphones beträgt im Beispiel DPR = 3, so dass sich ein Softwarepixel aus 3 x 3 Gerätepixeln ergibt. Die Anzahl der Pixel und damit die Datenmenge der Bilder reduziert sich hierdurch um 8/9 oder 89 % – ein beträchtlicher Wert!

3   Instagram gibt vor, welche Bildgrößen erforderlich sind. In diesem Beispiel sehen Sie die Vorgabe für quadratische Bilder.

Planung

Farbeinstellungen

- Farbeinstellungen prüfen
- Farbraum ändern
- Ggf. Farbprofil installieren

RAW-Bilder

- RAW-Bilder fotografieren oder downloaden

Bilder für Printmedien

- Auflösung prüfen
- Bildausschnitt wählen
- Bilddatei speichern

Bilder für Digitalmedien

- Bildausschnitt wählen
- Datenmenge prüfen
- Dateiformat wählen
- Bilddatei speichern

Produktion

Farbeinstellungen vornehmen

1 Starten Sie Photoshop und öffnen Sie Menü *Bearbeiten > Farbeinstellungen*.

2 Wählen Sie einen möglichst großen RGB-Farbraum, z. B. *Adobe RGB* **Ⓐ**.

3 Wenn Sie bereits wissen, wo die Printmedien gedruckt werden, dann erfragen Sie bei der Druckerei, welcher CMYK-Farbraum installiert werden muss. Alternativ können Sie im Kapitel *Farbmanagement* nachlesen, wie Sie ein Standardprofil, hier: *PSO Coated v3* **Ⓑ**, installieren und auswählen (siehe Seite 15 f).

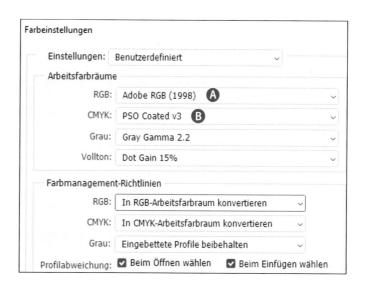

RAW-Bilder verwenden

In der professionellen Fotografie werden Bilder im sogenannten RAW-Format verwendet. Der Begriff „raw" (dt.: roh) sagt aus, dass die vom Bildsensor erfassten Informationen unverändert gespeichert werden. Der Vorteil ist, dass Sie diese Bilder viel besser bearbeiten können, als wenn sie bereits z. B. in das JPG-Format konvertiert wurden. An Bilder im RAW-Format gelangen Sie folgendermaßen:

- Falls Sie über eine Spiegelreflexkamera oder über ein besseres Smartphone verfügen durch eigene Aufnahmen.
- Auf Webseiten, die Bilder im RAW-Format zu Übungszwecken bereitstellen. Das hier verwendete Bild finden Sie auf https://www.signatureedits.com.
- Download auf www.bime.de/download

1 Öffnen Sie das RAW-Bild in Photoshop. Wie Sie sehen, startet die Software *Camera Raw*. Sie bietet zahllose Möglichkeiten zur Bearbeitung des Bildes – man spricht von einer *RAW-Entwicklung*.

2 Klicken Sie auf *Öffnen* **Ⓒ**, um das Bild in Photoshop zu öffnen.

Bilder für Printmedien aufbereiten

1 Öffnen Sie Menü *Bild > Bildgröße…*, um die Auflösung des Bildes beurteilen zu können. Unser Bild könnte mit einer Auflösung von 300 dpi **A** im Format 47,14 cm x 31,43 cm **B** gedruckt werden.

2 Wenn Sie nun bei *Höhe* einen anderen Wert, z. B. 59,4 cm für DIN A2, eingeben, dann sehen Sie, dass sich die Auflösung auf ca. 158 dpi reduziert. Dies reicht aber gemäß den Angaben in der Tabelle noch aus.
Wichtig: Das Häkchen bei *Neu berechnen* **C** darf nicht gesetzt werden! Durch das Hinzurechnen von Pixeln wird die Bildqualität nicht besser, sondern schlechter!

3 Kritisch wird es bei einer Höhe von 150 cm (Messewand), weil dann die Auflösung auf ca. 63 dpi sinkt **D**. Bei einer Betrachtung aus einer größeren Entfernung von 3 m wäre diese Auflösung jedoch noch ausreichend.

4 Schließen Sie das Fenster, indem Sie auf *Abbrechen* klicken.

5 Wählen Sie das Freistellungswerkzeug.

6 Wählen Sie *B x H x Auflösung* **E**. Geben Sie die Werte für den Flyer (10,5 cm und 21 cm) ein. Lassen Sie den Wert bei *Auflösung* weg – das Bild soll *nicht* neu berechnet werden.

7 Wählen Sie den gewünschten Bildausschnitt durch Ziehen an den Ecken und Verschieben des Bildes. Beachten Sie, dass sich die Auflösung verringert, wenn Sie den Ausschnitt verkleinern. Drücken Sie die ↩-Taste, wenn Sie den gewünschten Ausschnitt gefunden haben.

8 Konvertieren Sie das Bild im Menü *Bild > Modus > CMYK-Farbe*.

9 Speichern Sie das Bild im Menü *Datei > Speichern* im Dateiformat *TIFF* ab. Geben Sie den gewünschten Namen ein. Wählen Sie im nächsten Fenster bei

Bildkomprimierung die Option *Keine* und schließen Sie mit *OK* ab.

10 Öffnen Sie das Originalbild erneut und wiederholen Sie die Schritte 5 bis 9, um das Bild für das Plakat bzw. für die Messewand zu speichern.

Bilder für Digitalmedien aufbereiten

1 Öffnen Sie das Originalbild erneut.

2 Wählen Sie das Freistellungswerkzeug.

3 Wählen Sie *B x H x Auflösung* Ⓐ. Geben Sie die Werte für die Website auf Monitoren (1.920 Px und 1.080 Px) ein. Wichtig: Die Einheit Px muss mit eingegeben werden!

4 Wählen Sie den gewünschten Bildausschnitt und stellen Sie das Bild mit der ⏎-Taste frei.

5 Wählen Sie im Menü *Datei > Exportieren als …* Klicken Sie auf *2fach* Ⓑ, um die Dateiformate vergleichen zu können:
- Wählen Sie im linken Vorschaubild Ⓒ das Dateiformat *JPG* und rechts *PNG* Ⓓ.
- Vergleichen Sie nun die Datenmengen Ⓔ und beurteilen Sie die Bildqualität. (Die Datenmenge bei JPG können Sie unter *Qualität* Ⓕ verändern.)
- Entscheiden Sie sich für ein Format und exportieren Sie das Bild.
- Hinweis: Im linken Bereich können Sie das Bild automatisch in mehrere

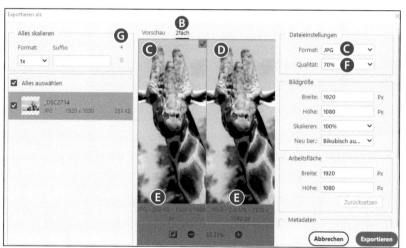

Versionen (mit unterschiedlicher DPR) exportieren. Klicken Sie hierzu auf „+" Ⓖ und wählen Sie das Format.

6 Öffnen Sie das Originalbild erneut und wiederholen Sie die Schritte 2 bis 5, um das Bild für die Website auf Smartphones und für Instagram zu exportieren.

Farbmanagement

Briefing

Szenario

Für eine Printproduktion soll das Farbprofil „PSOcoated_v3.icc" für Bildverarbeitung, Grafik und Layout verwendet werden. Zur konsistenten Farbverarbeitung ist eine einheitliche Farbeinstellung in allen Programmen des Workflows notwendig. Sie laden das Profil von der Website der *European Color Initiative (ECI)* auf den Computer und installieren es im System. Anschließend erstellen Sie eine Farbeinstellungsdatei und synchronisieren die Farbeinstellungen in den Desktop-Programmen der Adobe Creative Cloud.

SOFTWARE

• Photoshop
• Bridge
• InDesign
• Illustrator
• Acrobat

DATEN

www.bi-me.de/download

VORWISSEN

S. 41: Farbprofile
S. 44: FOGRA 51 und
        FOGRA 52
S. 84: CM in Bridge
S. 85: CM in Photoshop
S. 89: CM in Illustrator
S. 90: CM in InDesign
S. 92: CM in Distiller und Acrobat

Digitale Farbe

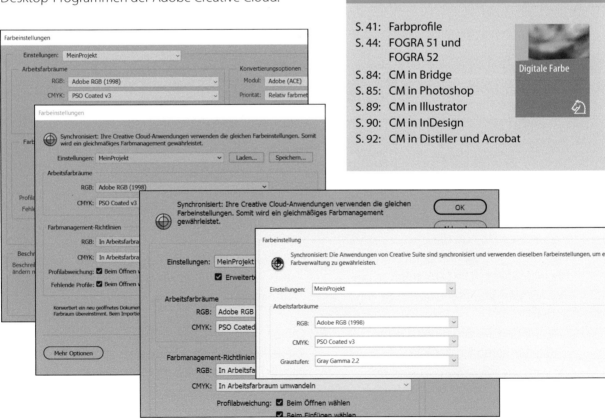

Technische Angaben www.eci.org

Downloads aktueller ECI-Profile

Offset Profile
PSO SC-B Paper v3
⬛ pso_sc-b_paper_v3.zip
PSO Coated v3
⬛ pso-coated_v3.zip
PSO Uncoated v3 (FOGRA52)
⬛ pso-uncoated_v3_fogra52.zip
ISO Coated v2 to PSO Coated v3 (DeviceLink)
⬛ iso-coated_v2_to_psocoated_v3_devicelink.zip
PSO Coated v3 to ISO Coated v2 (DeviceLink)
⬛ pso-coated_v3_to_isocoated_v2_devicelink.zip
Tiefdruckprofile PSR_V2
Neu: PSR v2 M1 (alle Papiere)
⬛ eci_gravure_psr_v2_m1_2020.zip
RGB-Arbeitsfarbraum-Profil
⬛ ecirgbv20.zip
CMYK-Austauschfarbraum-Profil
Neu: eciCMYK v2
⬛ eci_cmyk_v2.zip
Veredelungs-Profile
Neu: PSO Coated v3 matt- und glanzlaminiert
⬛ Veredelungsprofile für PSO Coated v3

PSO Coated v3

Das ECI-Offsetprofil **PSOcoated_v3.icc** basiert auf der Charakterisierungsdatei **„FOGRA51.txt"** und gilt für die folgenden Druckbedingungen gemäß internationalem Standard ISO 12647-2:2013:

Akzidenzoffset, premium gestrichenes Papier (Premium coated), Tonwertzunahmekurve 2013-A, weiße Messunterlage.

Die Profilberechnung erfolgte mit dem Heidelberg ColorTool 17 mit den folgenden Einstellungen:

Schwarz-Länge	9 (Einsatzpunkt 10%)
Schwarz-Breite	10
max. Flächendeckung	300%
max. Schwarz	96%

Planung

Farbprofildownload

- Farbprofil auswählen
- Farbprofil auf Computer herunterladen

Farbprofilinstallation

- Farbprofil auswählen
- Farbprofil installieren

Photoshop-Farbeinstellungen

- Farbeinstellungen öffnen
- Farbprofil auswählen
- Einstellungen überprüfen
- Farbeinstellungen speichern

Farbprofilsynchronisation

- Farbeinstellungen in Bridge öffnen
- Farbeinstellungsdatei auswählen
- Farbeinstellungen anwenden

Produktion

Farbprofil laden und entpacken

1 Laden Sie das Farbprofil „PSOcoated_
v3.icc" von der Website der *European
Color Initiative (ECI)*, www.eci.org, auf den
Computer.

2 Entpacken Sie das ZIP-Archiv *pso-coa-
ted_v3.zip*.

Farbprofil installieren

Die Installation des Farbprofils auf dem
Computer unterscheidet sich systembezo-
gen bei Windows und Mac OS.

- Klicken Sie unter Windows das Profil 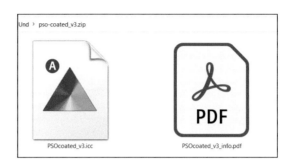 mit
  der rechten Maustaste an und wählen Sie
  Profil installieren.
- Unter Mac OS kopieren Sie das Profil Ⓐ in
  den Ordner: *Library > ColorSync > Profiles*
  oder in den Ordner: *Benutzer > Benutzerna-
  me > Library > ColorSync > Profiles*.

Photoshop-Farbeinstellungen bearbeiten

1 Öffnen Sie unter Menü *Bearbeiten >
Farbeinstellungen...* das Fenster *Farbeinstellungen* Ⓑ.

2 Wählen Sie als Arbeitsfarbraum *CMYK >
PSO Coated v3* Ⓒ.

3 Speichern Sie die Farbeinstellungen mit
Speichern Ⓓ.

4 Bestätigen Sie die Einstellungen mit *OK*
Ⓔ.

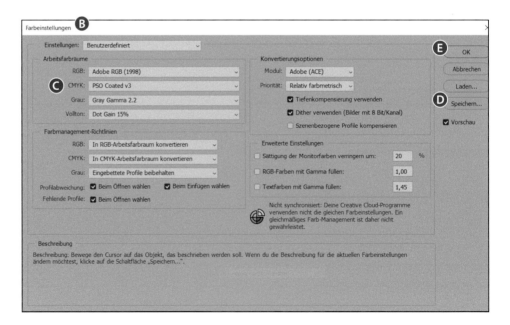

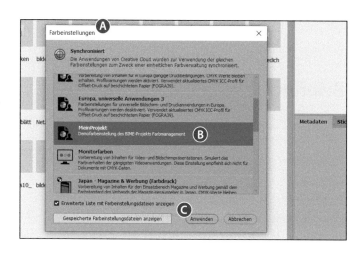

Farbprofileinstellungen synchronisieren

1 Starten Sie Adobe Bridge.

2 Öffnen Sie unter Menü *Bearbeiten > Farbeinstellungen...* das Fenster *Farbeinstellungen* **A**.

3 Wählen Sie die in Photoshop gespeicherte Farbeinstellungsdatei **B**.

4 Synchronisieren Sie die Farbeinstellungen mit *Anwenden* **C**. Die Farbeinstellungen werden damit in allen Desktop-Programmen der Adobe Creative Cloud automatisch synchronisiert.

Photoshop

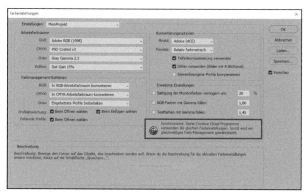

Acrobat

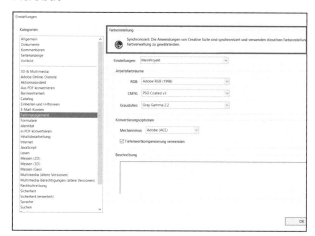

InDesign

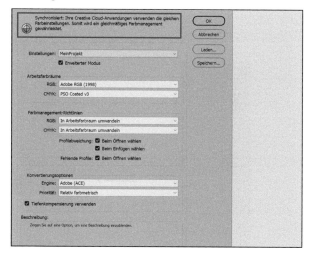

Illustrator

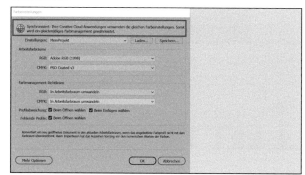

Freistellen

Briefing

Szenario

Für eine Printproduktion sollen drei Motive freigestellt werden.

Der Zuckerstreuer soll figürlich ohne Hintergrund freigestellt werden. Den Leuchtturm mit Landungssteg stellen Sie vor weißem Hintergrund frei. Erhalten Sie dabei die filigranen Strukturen. Als Hintergrund der freigestellten Möwe erstellen Sie in Photoshop einen Verlauf.

Etwaige notwendige Bildoptimierungen führen Sie vor der Freistellung durch. Die Auflösung belassen Sie unverändert.

🛠 SOFTWARE

• Photoshop (oder anderes Bildbearbeitungsprogramm)

💾 DATEN

www.bi-me.de/download

💡 VORWISSEN

S. 20: Farbmodi
S. 23: Dateiformate
S. 48: Basiskorrektur
S. 76: Retusche und Composing

Digitales Bild

Bilder Freistellen

Technische Angaben

Bildgröße

Möwe
- 3888 Px x 2592 Px
- 350 ppi

Leuchtturm
- 2136 Px x 3216 Px
- 300 ppi

Zuckerstreuer
- 3648 Px x 5472 Px
- 350 ppi

Farbprofil
- Adobe RGB (1998)

Dateiformat
- JPEG

Planung

Bilddateien

- Bilddateien herunterladen
- Technische Parameter analysieren
- Bildoptimierung konzipieren

Bildbearbeitung

- Bilddateien öffnen
- Basiskorrekturen durchführen
- Bilddatei speichern

Freistellung

Die Motive haben unterschiedliche Formen, Strukturen und Farben. Um deren Anforderungen zu erfüllen, müssen verschiedene Freistellungstechniken genutzt werden.

Zuckerstreuer

- Zeichenstift-Werkzeug
- Freistellungspfad

Möwe

- Schnellauswahl-Werkzeug
- Polygon-Lasso-Werkzeug
- Ebenenmasken

Leuchtturm

- Bildkanäle
- Polygon-Lasso-Werkzeug
- Ebenenmasken

Produktion

Zuckerstreuer mit dem Zeichenstift-Werkzeug freistellen

1 Öffnen Sie die Bilddatei „zuckerstreuer. jpg" in Photoshop unter Menü *Datei > Öffnen...* `STRG` `o` (🪟)bzw. `command` `o` (🍎).

2 Optimieren Sie die Bilder mit den Korrektureinstellungen z. B. unter Menü *Ebene > Neue Einstellungsebene >*
- *Helligkeit/Kontrast...*
- *Tonwertkorrektur...*
- *Gradationskurven...*
- ...

3 Optimieren Sie die Bildschärfe unter Menü *Filter > Scharfzeichnungsfilter > Unscharf maskieren...* .

4 Vergrößern Sie mit Menü *Ansicht > 100%* die Bildansicht auf 100 %.

5 Wählen Sie im Fenster *Werkzeuge* das *Zeichenstift-Werkzeug* **A**. Nehmen Sie die Werkzeugeinstellungen in der *Optionsleiste vor* **B**.

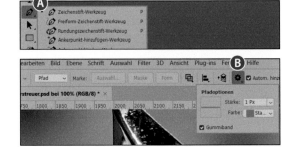

6 Die Arbeit mit Pfaden kennen Sie sicherlich schon aus Illustrator (siehe Seite 95 f.). Klicken Sie mit dem Zeichenstift-Werkzeug an einer beliebigen Stelle auf den Rand des Zuckerstreuers und ziehen Sie dann den Pfad bis zur nächsten Richtungsänderung der Form.

7 Klicken Sie zum Setzen des nächsten Ankerpunkts. Durch Ziehen mit gedrückter linken Maustaste erstellen Sie eine Kurve.

8 Klicken Sie mit gedrückter ALT -Taste auf den eben erstellten Ankerpunkt, um den Pfad unabhängig vom vorhergehenden Abschnitt zu erstellen.

9 Schließen Sie den Pfad durch Klicken auf den ersten Ankerpunkt. Durch Anklicken eines Ankerpunkts mit gedrückter STRG - bzw. command -Taste können Sie den Punkt auswählen und den Pfad bearbeiten.

10 Speichern Sie den Arbeitspfad im Kontextmenü des Fensters *Pfad mit Pfad speichern...* **A**.

11 Speichern Sie im nächsten Schritt den Pfad ebenfalls im Kontextmenü des Fensters *Pfad* als *Beschneidungspfad* **B**.

12 Als *Kurvennäherung* geben Sie *2 Gerätepixel* ein **C**.

13 Speichern Sie die Bilddatei. Der Beschneidungspfad beschränkt die sichtbare Bildfläche nach der Platzierung im Layoutprogramm, z. B. InDesign.

Möwe mit Auswahlwerkzeugen freistellen

1   Öffnen Sie die Bilddatei „moewe.jpg" in Photoshop unter Menü *Datei > Öffnen...* `STRG` `O` (⊞)bzw. `command` `O` ().

2   Optimieren Sie die Bilder mit den Korrektureinstellungen z. B. unter Menü *Ebene > Neue Einstellungsebene >*
    • *Helligkeit/Kontrast...*
    • *Tonwertkorrektur...*
    • *Gradationskurven...*
    • *...*

3   Optimieren Sie die Bildschärfe unter Menü *Filter > Scharfzeichnungsfilter > Unscharf maskieren... .*

4   Wählen Sie im Fenster *Werkzeuge* das *Schnellauswahl-Werkzeug* Ⓐ.

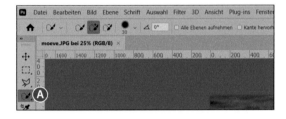

5   Klicken Sie in der *Optionsleiste* auf *Motiv auswählen* Ⓑ.

6   Vergrößern Sie mit Menü *Ansicht > 100%* die Bildansicht auf 100 %.

7   Ergänzen Sie die Auswahl mit dem *Polygon-Lasso-Werkzeug* Ⓒ.
    • Die ⇧-Taste bei der Auswahl gedrückt halten, um den Auswahlbereich zu vergrößern.
    • Die `ALT`-Taste bei der Auswahl gedrückt halten, um den Auswahlbereich zu verkleinern.

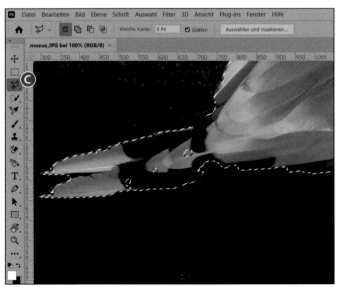

8 Speichern Sie die Auswahl mit Menü *Auswahl > Auswahl speichern....*

9 Lösen Sie die Fixierung der Hintergrundebene. Ziehen Sie dazu das *Schloss-symbol* **A** auf den *Mülleimer* **B** im Fenster *Ebenen.*

10 Erstellen Sie zur Freistellung eine Ebenenmaske **C**. Achten Sie darauf, dass dabei die Auswahl geladen ist.

11 Erstellen Sie eine *neue Ebene* **D**. Stellen Sie diese Ebene in der Ebenenreihenfolge nach hinten.

12 Wählen Sie im Fenster *Verläufe* einen *Verlauf* **E** mit einem Klick aus.

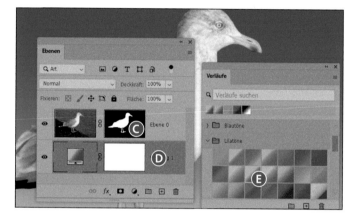

13 In unserem Bildbeispiel auf Seite 18 ist das Bild gespiegelt. Gehen Sie dazu auf Menü *Bearbeiten > Transformieren > Horizontal spiegeln.*

Leuchtturm mit Bildkanälen freistellen

Das Motiv ist in vielen Details, wie zum Beispiel dem Geländer, sehr filigran. Die Gitterstäbe ohne den Himmel freizustellen, ist mit den herkömmlichen Freistellungswerkzeugen nur sehr schwer möglich. Wir werden den Leuchtturm deshalb durch Maskierung freistellen. Die Masken erstellen wir durch die Wahl und Bearbeitung eines möglichst kontrastreichen Bildkanals.

Basiskorrekturen durchführen

1 Öffnen Sie die Bilddatei „leuchtturm. jpg" in Photoshop unter Menü *Datei > Öffnen...* [STRG] [O] (🪟) bzw. [command] [O] (🍎).

2 Optimieren Sie die Bilder mit den Korrektureinstellungen z. B. unter Menü *Ebene > Neue Einstellungsebene >*
- *Helligkeit/Kontrast...*
- *Tonwertkorrektur...*
- *Gradationskurven...*
- ...

3 Optimieren Sie die Bildschärfe unter Menü *Filter > Scharfzeichnungsfilter > Unscharf maskieren... .*

4 Bevor Sie mit dem Freistellen beginnen, richten Sie noch den Bildhorizont aus. Wählen Sie dazu das *Freistellungswerkzeug*. In der *Optionsleiste* klicken Sie auf das *Wasserwaagen-Icon* Ⓐ und ziehen dann mit dem Cursor entlang der Horizontlinie.

5 Bestätigen Sie die Ausrichtung.

Freistellmaske erstellen

1 Öffnen Sie das Fenster *Kanäle* Ⓑ.

2 Wählen Sie den Kanal, der den höchsten Kontrast zwischen Himmel und Turm zeigt, in unserem Beispiel der *Blaukanal* Ⓒ.

3 Duplizieren Sie den Blaukanal. Ziehen Sie dazu den Kanal auf das Icon Ⓓ.

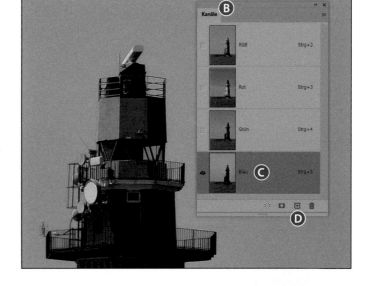

4 Verstärken Sie den Bildkontrast. Leider funktionieren die Einstellungsebenen bei den Kanälen nicht. Öffnen Sie deshalb mit Menü *Bild > Korrekturen > Tonwertkorrektur...* das Fenster *Tonwertkorrektur* Ⓔ.

6 Auf der Basis der Kanalberechnung erstellen Sie die schwarze Silhouette (dt. Umriss) des Leuchtturms mit Landungssteg. Nutzen Sie dazu verschiedene Korrektureinstellungen des Menüs *Bild > Korrekturen* und das *Pinsel-Werkzeug*.

7 Laden Sie den Kanal *Blau Kopie* als Auswahl. Wählen Sie dazu die Option *Kanal als Auswahl laden* Ⓐ.

8 Kehren Sie die Auswahl mit Menü *Auswahl > Auswahl umkehren* um.

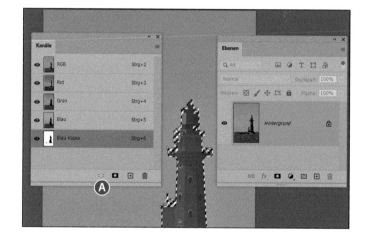

9 Fügen Sie im Fenster *Ebene* eine Maske hinzu Ⓑ. Der Leuchtturm wird automatisch freigestellt.

10 Speichern Sie die Bilddatei im Dateiformat TIFF (*.TIF;*.TIFF):
   • ohne Alphakanäle Ⓒ
   • ohne Ebenen Ⓓ

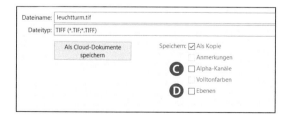

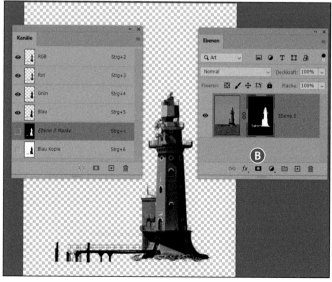

Bildkorrekturen

Briefing

Szenario

Sie erhalten von einem Fotografen acht Bilder zur Bearbeitung. Die Bilder liegen im RAW-Format vor. Zur besseren Kompatibilität wurden sie bereits ins Format .dng
konvertiert. Führen Sie die beschriebenen Bildkorrekturen
durch, um das Optimum aus den Fotos herauszuholen.
Speichern Sie am Schluss die Fotos zusätzlich als JPG-Dateien ab, um sie in Print- und
Digitalmedien verwenden zu
können.

SOFTWARE

- Photoshop (oder ein anderes Bildbearbeitungsprogramm)

DATEN

www.bi-me.de/download

VORWISSEN

S. 25: RAW
S. 48: Basiskorrektur
S. 61: RAW-Entwicklung
S. 68: Gradationskurve
S. 70: Rauschreduzierung

Digitales Bild

Technische Angaben

RAW-Daten

RAW steht für roh und unbearbeitet (engl. raw = roh). Viele Kameras und einige Smartphones bieten die Möglichkeit, RAW-Dateien zu erstellen. Bilder im RAW-Format sind Dreikanalbilder, wie JPG-Dateien. Die drei Farbsignale Rot, Grün und Blau werden aber noch nicht in einen Arbeitsfarbraum konvertiert. Sie enthalten die direkte Helligkeitsinformation, so wie sie von den Sensorelementen der Digitalkamera aufgenommen wurde.

Mit spezieller RAW-Software oder Bildbearbeitungsprogrammen wie Photoshop wird die RAW-Datei bearbeitet und dann in den Arbeitsfarbraum konvertiert.

RAW-Dateien verfügen über einen größeren Farbumfang als JPG-Dateien. Während JPG-Dateien nur 8 Bit pro Kanal ermöglichen, kann eine RAW-Datei bis zu 16 Bit pro Kanal enthalten. Dieser Vorteil zeigt sich v. a. bei der Bildbearbeitung, wenn man z. B. dunkle Bereiche eines Bildes aufhellen möchte.

Es gibt keinen hersteller- und systemunabhängigen Standard, der das RAW-Format definiert. Die RAW-Dateierweiterung ist z. B. *.nef (Nikon), *.cr2 (Canon), *.arw (Sony) oder *.raw (Leica und Panasonic). Um eine bessere Kompatibilität zu haben, können RAW-Datein in das Format *.dng (Adobe) umgewandelt werden, hierbei handelt es sich, im Gegensatz zu den anderen RAW-Formaten um ein offenes RAW-Format.

Camera Raw-Einstellungen übernehmen

Wenn Sie für mehrere Bilder Einstellungen vornehmen möchten, dann wählen Sie zuvor alle Bilder aus [STRG] [A] (⊞) bzw. [command] [A] (⌘) und nehmen dann die Einstellungen vor.

Camera Raw-Einstellungen synchronisieren

Wenn Sie Einstellungen von einem Bild auf ein oder mehrere andere Bilder übernehmen

möchten, dann wählen Sie die weiteren Bilder aus, indem Sie die Bilder mit gedrückter Taste [STRG] (⊞) bzw. [command] (⌘) anklicken.

Wählen Sie danach über die rechte Maustaste *Einstellungen synchronisieren...* und wählen Sie aus, welche Einstellungen Sie sychronisieren möchten.

Camera Raw-Einstellungen laden/speichern

Wenn Sie Einstellungen für die Zukunft speichern möchten oder bereits gespeicherte Einstellungen nutzen möchten, dann klicken Sie in der Spalte rechts auf die drei Punkte Ⓐ und wählen Sie *Einstellungen laden...* Ⓑ bzw. *Einstellungen speichern...* Ⓒ.

Einstellungen werden, gleich wie für einzelne RAW-Dateien, als *.xmp gespeichert.

Planung

Download und Öffnen

- Übungsdateien downloaden
- Bilder in Camera Raw öffnen

Optische Korrekturen

- Objektivfehler usw. beheben

Bildausschnitt

- Ausschnitte festlegen

Tonwerte

- Tonwerte korrigieren

Weißabgleich

- Weißabgleich vornehmen

Rauschen entfernen

- Details verbessern

Korrekturen

- Makel entfernen

Schwarz-Weiß

- Bild umwandeln

Umfärben

- Farbmischer anwenden

Speichern

- Bilder speichern

Produktion

Bilder downloaden und öffnen

1 Downloaden Sie die benötigten Bilder unter www.bi-me.de/download.

2 Öffnen Sie die Dateien *IMG_1.dng* bis *IMG_8.dng* in Photoshop. Es öffnet sich das Programm *Camera Raw*.

Bildausschnitt

1 Wählen Sie die Datei *IMG_1.dng* aus und in der Werkzeugleiste rechts das Werkzeug *Zuschneiden und Drehen* Ⓐ. Über den Doppelpfeil Ⓑ können Sie übrigens das Camera Raw-Fenster auf Vollbild bzw. zurück als Fenster schalten.

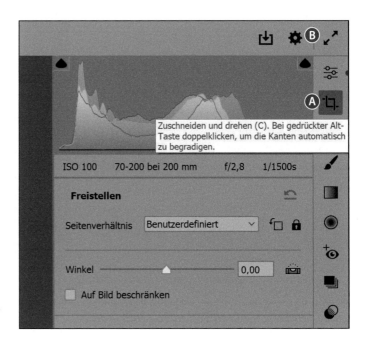

2 Legen Sie, wie in der Abbildung **C** zu sehen, einen Ausschnitt fest, der die Gänse besser zur Geltung bringt. Achten Sie darauf, dass zumindest ein Bild mit der Größe 3.000 x 2.000 px übrig bleibt, das genügt für die meisten Einsatzzwecke. Beachten Sie, dass bei *Seitenverhältnis* zunächst *Wie Aufnahme* steht.

3 Bestätigen Sie Ihre Auswahl mit ⏎.

4 Wählen Sie die Datei *IMG_8.dng* aus und begradigen Sie das Bild, indem Sie an einer der Ecken **D** drehen.

Optische Korrekturen

1 Wählen Sie die Dateien *IMG_1.dng* bis *IMG_8.dng* aus STRG A (⊞) bzw. command A (⌘) und wählen Sie in der Werkzeugleiste rechts im Werkzeug *Bearbeiten* ⚙ den Bereich *Optik*.

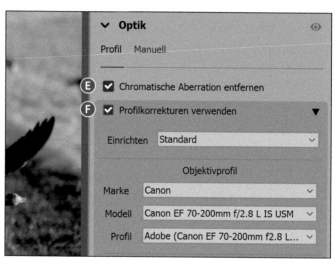

2 Aktivieren Sie *Chromatische Aberration entfernen* **E** und *Profilkorrekturen verwenden* **F**. Mit Hilfe dieser Korrekturen werden bekannte Fehler behoben, wie z. B. Verzerrungen und Vignettierungen (Randverdunklung).

Tonwerte

1 Wählen Sie die Datei *IMG_2. dng* aus und wählen Sie in der Werkzeugleiste rechts im Werkzeug *Bearbeiten* ⚙ den Bereich *Grundeinstellungen*.

2 Korrigieren Sie die Belichtung entsprechend der Abbildung. Hier gilt es v. a., die hellen Bereiche über *Lichter* **G** anzupassen, damit die Helligkeitsunterschiede

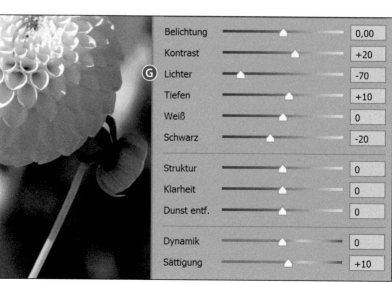

29

der weißen Dalie besser zur Geltung kommen. Gerade Bilder mit sehr hellen oder sehr dunklen Bereichen erfordern Korrekturen.

3   Passen Sie auch für die anderen sieben Bilder die Tonwerte nach eigenem Ermessen an.

Weißabgleich

1   Wählen Sie die Datei *IMG_3.dng* aus.

2   Sie können nun mit der Pipette **A** auf eine farblich neutrale Stelle, z. B. ein Haus oder Schnee (Weiß/Grau/Schwarz), klicken, um daran die Farben des gesamten Bildes abzugleichen.

3   Bei diesem Bild werden Sie allerdings auf diesem Wege keine optimale Lösung finden, da das Bild in der Abenddämmerung aufgenommen wurde.

4   Wählen Sie im Drop-down-Menü für den Weißabgleich **B** z. B. *Tageslicht* aus. Bei diesem Bild passen diese Einstellungen ganz gut, alternativ können Sie auch über die Schieberegler *Temp.* **C** und *Farbton* **D** Anpassungen manuell vornehmen.

Rauschen entfernen

1   Wählen Sie die Datei *IMG_4.dng* aus und wählen Sie in der Werkzeugleiste rechts im Werkzeug *Bearbeiten* 🎚 den Bereich *Detail*. Das Foto wurde mit einem ISO-Wert von 1600 aufgenommen, dabei kommt es meist zu sichtbarem Rauschen.

2   Wählen Sie 100 % für die Ansicht und schalten Sie auf die Vorher-/Nachher-Ansicht **E**, um einen Vergleich **F** zu haben.

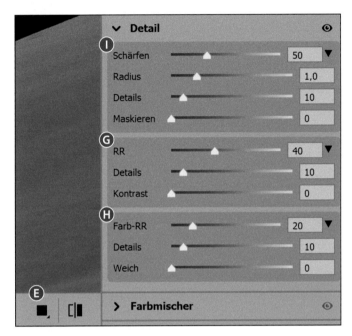

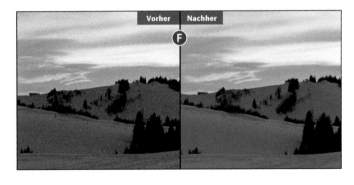

3   Passen Sie die Einstellungen im Bereich Detail dem Bildrauschen an. Die Einstellung *Details* regelt jeweils, wie grob oder fein die Einstellung erfolgt:
   - RR **G**: Hier reduzieren Sie das „normale" Rauschen.
   - Farb-RR **H**: Hier reduzieren Sie speziell das Farbrauschen.
   - Schärfen **I**: Hier können Sie das weichgezeichnete Bild nachschärfen.

Korrekturen

1 Wählen Sie die Datei *IMG_5.dng* aus und wählen Sie in der Werkzeugleiste rechts das Werkzeug *Makel entfernen* 🩹.

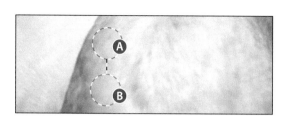

2 Klicken Sie auf das kleine grüne Stückchen am Hals des Schwanes **Ⓐ**, passen Sie die Größe des Korrekturkreises sowie die Position des Kopierbereiches **Ⓑ** an.

Schwarz-Weiß

1 Wählen Sie die Datei *IMG_6.dng* aus und wählen Sie in der Werkzeugleiste rechts im Werkzeug *Bearbeiten* ⚙ *S/W* **Ⓒ**.

2 Nehmen Sie Anpassungen in den Bereichen Kontrast, Lichter, Tiefen, Weiß und Schwarz vor, um ein kontraststarkes Schwarz-Weiß-Bild zu erhalten.

Umfärben

1 Wählen Sie die Datei *IMG_7.dng* aus und wählen Sie in der Werkzeugleiste rechts im Werkzeug *Bearbeiten* ⚙ *Farbmischer* **Ⓓ**. Aus unreifem Getreide soll durch Farbanpassung reifes Getreide werden.

2 Nehmen Sie Anpassungen in den Bereichen Gelb **Ⓔ**, Grün **Ⓕ** und Blau **Ⓖ** vor.

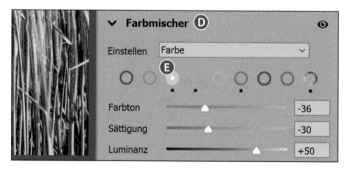

Speichern

1 Wählen Sie alle Bilder mit ⌨STRG A (⊞) bzw. ⌨command A (⌘) aus.

2 Klicken Sie in der oberen Leiste auf *Ausgewählte Bilder konvertieren...* ⤓ und wählen Sie als Format *JPG*.

3 Bestätigen Sie durch Klick auf *Speichern*, die Bilder werden nun als JPG exportiert.

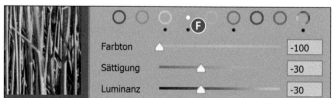

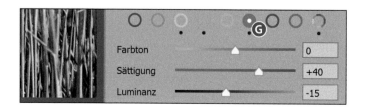

Bildretusche

Briefing

Szenario

Für einen Urlaubsprospekt und die korrespondierende Website soll eine Landschaftsaufnahme des Hochvogelpanoramas in den Allgäuer Alpen retuschiert und hinsichtlich der Bildwirkung optimiert werden.

Ausgabedatei im Printmedium:
- Maße: 20 cm x 16 cm
- Dateiformat: TIFF, keine Ebenen, nicht komprimiert
- Farbprofil: PSOcoated_v3.icc
- Auflösung: 300 ppi
-

Ausgabedatei im Digitalmedium:
- Maße: 600 Px x 480 Px
- Dateiformat: PNG-24
- Farbprofil: sRGB

SOFTWARE

- Photoshop (oder anderes Bildbearbeitungsprogramm)

DATEN

www.bi-me.de/download

VORWISSEN

S. 23: Dateiformate
S. 44: Farbeinstellungen
S. 61: RAW-Entwicklung
S. 76: Retusche und Composing
S. 90: Bildgröße und Auflösung

Digitales Bild

S. 41: Farbprofile
S. 85: CM in Photoshop

Digitale Farbe

Bildvorlage

Technische Angaben

Bildgröße

- 3360 Px x 2520 Px
- 180 ppi

Farbprofil

- Adobe RGB

Dateiformat

- JPEG

Planung

Bilddatei

- Bilddatei herunterladen
- Technische Parameter analysieren
- Bildgestaltung konzipieren

Farbprofile

- Farbprofile auswählen
- Ggf. neues Farbprofil installieren (S. 15)

Bildbearbeitung

- Bilddatei öffnen
- Hintergrundebene duplizieren
- Bildretusche durchführen
- Bildoptimierung durchführen
- Bildausschnitt beschneiden
- Technische Parameter für Print- und Digital-
  ausgabe konfigurieren
- Bilddateien speichern

Produktion

Vorlage retuschieren

Das quer durch das Motiv verlaufende Kabel soll entfernt werden.

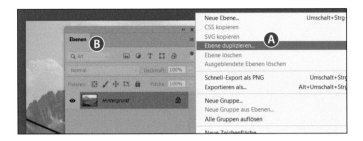

1 Öffnen Sie die Bilddatei „vorlage.jpg" in Photoshop unter Menü *Datei > Öffnen...* [STRG] [O] (⊞)bzw. [command] [O] (⌘).

2 Duplizieren Sie die Hintergrundebene mit *Ebene duplizieren...* Ⓐ im Kontextmenü des Fensters *Ebenen* Ⓑ. Die Kopie der Ebene dient als Backup, um das Motiv vor und nach der Korrektur zu vergleichen.

3 Speichern Sie die Datei mit den Ebenen Ⓒ unter Menü *Datei > Speichern unter...* als „retusche.psd" Ⓓ.

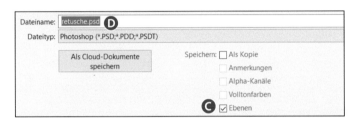

4 Stellen Sie die Bildansicht auf 100 %. Retuschen sollten immer in der Zoomstufe 100 % oder einer ganzzahlig größeren Zoomstufe ausgeführt werden.

5 Wählen Sie im Fenster *Werkzeuge* Ⓔ den *Bereichsreparatur-Pinsel* Ⓕ. Wählen Sie die Pinselgröße in der Optionsleiste Ⓖ.

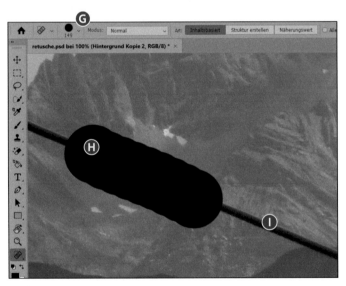

6 Ziehen Sie mit dem Bereichsreparatur-Pinsel und gedrückter Maustaste über den zu retuschierenden Bereich Ⓗ. Wenn Sie die Maustaste loslassen, dann wird die Fehlstelle automatisch durch Bildteile der Umgebung ersetzt.

7 Wiederholen Sie die Bereichsreparatur, bis das Kabel Ⓘ komplett entfernt ist.

Bildausschnitt freistellen

1 Wählen Sie im Fenster *Werkzeuge* das *Freistellungswerkzeug* **A**.

2 Geben Sie in der Optionsleiste des Freistellungswerkzeugs die Zielwerte ein:
- Breite: 20 cm **B**
- Höhe: 16 cm **C**
- Auflösung: 300 Px/Zoll (ppi) **D**

3 Bestätigen Sie die Freistellung.

4 Vereinigen Sie die beiden Bildebenen mit *Auf Hintergrundebene reduzieren* im Kontextmenü des Fensters *Ebenen*.

Camera Raw-Filter anwenden

1 Konvertieren Sie die Hintergrundebene in ein Smartobjekt im *Kontextmenü* **E** des Fensters *Ebenen > In Smartobjekt konvertieren* **F**.

2 Öffnen Sie das Fenster *Camera Raw* unter Menü *Filter > Camera Raw-Filter...* **G**.

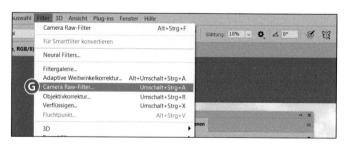

3 Teilen Sie das Vorschaufenster in *Vorher/Nachher* **H**.

4 Klicken Sie im Reiter *Grundeinstellungen* auf *Bearbeiten > Automatisch* Ⓐ.

5 Modifizieren Sie die Grundeinstellungen zusätzlich nach visuellen Gesichtspunkten.

6 Im Reiter *Detail* Ⓑ optimieren Sie die Bildschärfe.

7 Bestätigen Sie die Camera Raw-Einstellungen mit *OK* Ⓒ.

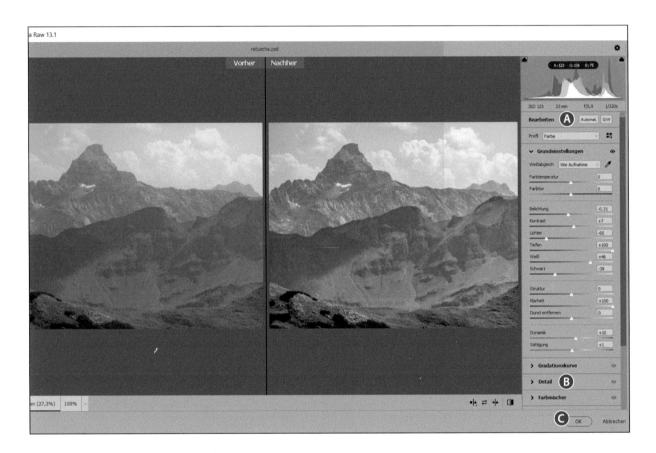

Camera Raw-Filter maskieren

Der Vordergrund soll ohne Beinflussung des Camera Raw-Filters bleiben.

1 Klicken Sie das Maskenfenster Ⓓ an.

2 Wählen Sie im Fenster *Werkzeuge* den Pinsel aus. Übermalen Sie im Bild mit Schwarz die Bereiche des Vordergrunds, die ohne Filterwirkung bleiben sollen.

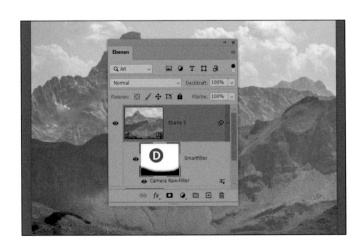

Das Blau des Himmels verstärken

1 Öffnen Sie unter Menü *Fenster > Korrekturen* das Fenster *Korrekturen*.

2 Öffnen Sie das *Dynamik-Einstellungsfenster* **A**.

3 Ziehen Sie im Fenster *Eigenschaften* den Regler *Dynamik* **B** bis zum *Maximalwert 100*.

4 Maskieren Sie die Felsen, den Mittel- und den Vordergrund **C**.

Die Felsstruktur verstärken

Die Struktur der Felsen verstärken Sie durch die Korrektur der Gradationskurve.

1 Öffnen Sie das *Kurven-Einstellungsfenster* **D**.

2 Wählen Sie als Vorgabe *Starker Kontrast (RGB)* **E**.

3 Maskieren Sie den Himmel sowie den Mittel- und den Vordergrund **F**.

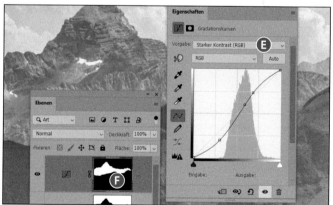

Auf Hintergrundebene reduzieren

Vereinigen Sie alle Ebenen mit *Auf Hintergrundebene reduzieren* im Kontextmenü des Fensters *Ebenen*.

Einzelne Bildbereiche schärfen

In der abschließenden Korrektur erhöhen Sie die Bildschärfe in einzelnen Bildbereichen, vorzugsweise in den Felsen des Bergmassivs und im Bildmittelgrund.

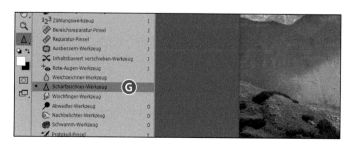

1 Wählen Sie im Fenster *Werkzeuge* das *Scharfzeichner-Werkzeug*.

2 Stellen Sie in der Optionsleiste die Parameter des Scharfzeichner-Werkzeugs ein.
- Pinselgröße: 200 Px oder größer **A**
- Härte: 0 % **B**
- Modus: Normal **C**
- Stärke: 50 % oder weniger **D**

3 Ziehen Sie mit gedrückter Maustaste das Scharfzeichner-Werkzeug über die zu schärfenden Bildbereiche. Ein erneutes Ansetzen verstärkt die Wirkung.

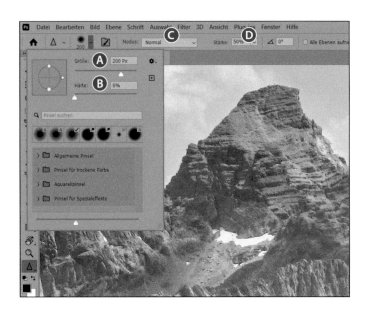

Farbprofil für den Druck

1 Öffnen Sie unter Menü *Bearbeiten > In Profil umwandeln...* das Einstellungsfenster **E**. Der Quellfarbraum **F** entspricht dem RGB-Farbprofil der Bilddatei „retusche.psd". Der Zielfarbraum **G** ist der CMYK-Arbeitsfarbraum. Dieser ist in den Photoshop-Farbeinstellungen festgelegt.

2 Bestätigen Sie die Konvertierung mit *OK* **H**.

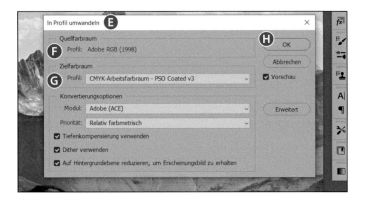

Als TIFF-Datei speichern

1 Speichern Sie die Datei als *retusche.tif* im Menü *Datei > Speichern unter... > Dateityp: TIFF (*.TIF, *.TIFF)*.

2 Wählen Sie im Fenster *TIFF-Optionen* **I** als *Bildkomprimierung Keine* **J**. Die übrigen Einstellungsoptionen belassen Sie in der Grundeinstellung.

Als PNG-24-Datei speichern

Bei der Speicherung der RGB-Datei „retusche.
psd" als PNG-24 können Sie das Farbprofil
Adobe RGB (1998) direkt beim Export in *sRGB*
umwandeln.

1   Gehen Sie auf Menü *Datei > Exportieren >
    Für Web speichern (Legacy)...* **A**.
    • Dateiformat *PNG-24* **B**
    • *Farbprofil einbetten* auswählen **C**
    • *In sRGB konvertieren* **D**
    • *Bildgröße* **E**
       • B: 600 Px
       • H: 480 Px

2   Bestätigen Sie die Einstellungen mit
    Speichern... **F**.

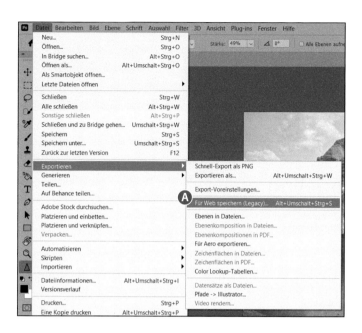

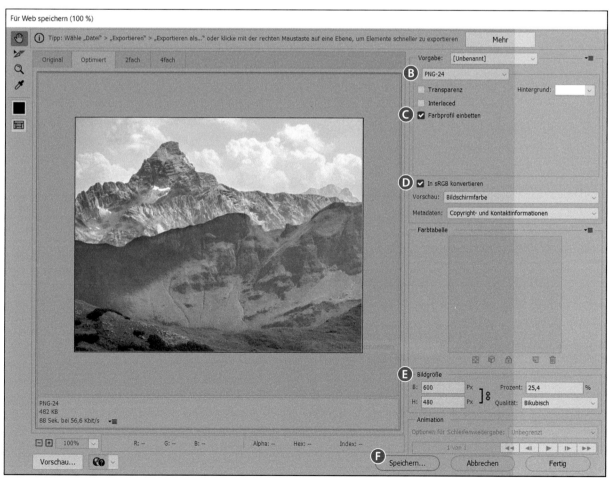

Fotocollage

Briefing

Szenario

Für den Inseltourismus der Insel Eiland soll ein Plakat im Format DIN A1 erstellt werden. Bildthema ist der Strand der Nordseeinsel. Das Layout ist als Rastergestaltung mit quadratischen Rasterzellen zu erstellen, in unserem Projekt ein Seitenraster aus 12 Rasterzellen. Die Verbindung von Rasterzellen für größere Bildformate ist erlaubt.

Eine Auswahl von Farbbildern ist gegeben. Die Bildbearbeitung, Skalierung und die Wahl des Motivs und Bildausschnitts erfolgen nach technischen und gestalterischen Gesichtspunkten. Der Inselname ist Teil der Fotocollage.

Die InDesign-Datei soll als PDF in Druckausgabequalität im Format DIN A4 exportiert werden.

SOFTWARE

- Photoshop (oder anderes Bildbearbeitungsprogramm)
- InDesign (oder anderes Layoutprogramm)

DATEN

www.bi-me.de/download

VORWISSEN

S. 4:   Bildgestaltung
S. 10: Licht und Beleuchtung
S. 14: Schärfentiefe
S. 26: Kameratypen
S. 41: Kamera-App

Digitale Fotografie

S. 48: Licht und Tiefe
S. 50: Gradation
S. 54: Bildschärfe
S. 83: Bild freistellen
S. 90: Bidgröße und Auflösung

Digitales Bild

S. 2:   Seitenformat
S. 16: Textrahmen erstellen
S. 22: Objektrahmen erstellen
S. 22: Bilder und Grafiken platzieren
S. 25: PDF-Export

Druckvorstufe

Bilder für Fotocollage

Technische Angaben

Layout

- Format: DIN A1 (594 mm x 841 mm) quer
- Ränder oben und unten: 47 mm
- Ränder links und rechts: 85,5 mm
- Rasterzelle: 160 mm
- Zwischenabstand: 10 mm

Bilder

- TIFF, 300 dpi, RGB-Modus

Schrift

- Frei wählbar

Farben

- Frei wählbar

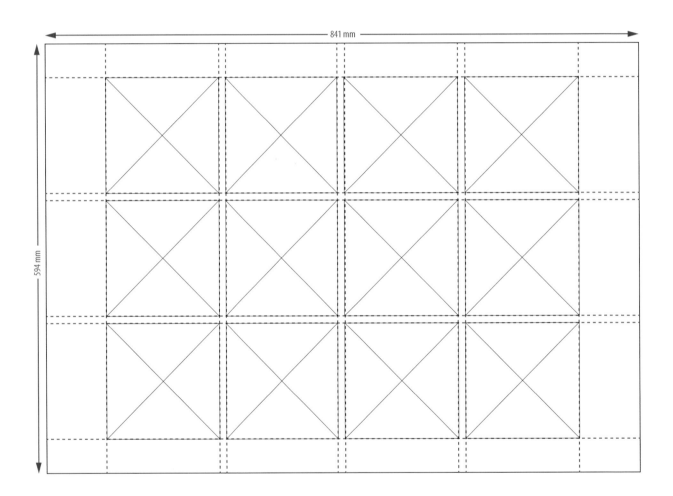

841 mm

594 mm

Planung

Bilddateien

- Bilddateien herunterladen
- Technische Parameter analysieren
- Bildgestaltung konzipieren

Bildbearbeitung

- Basiskorrekturen durchführen
- Bildmodifikation durchführen
- Format festlegen

Layoutdatei

- InDesign-Dokument erstellen
- Layoutvorgaben für Rasterzellen beachten
- Bilder platzieren
- Text setzen
- Farben festlegen

PDF

- PDF exportieren

Produktion

Entwürfe erstellen

1 Laden Sie die Bilddateien zum Projekt herunter und sichten Sie diese.

2 Entwerfen Sie das Plakat als Wireframe

(dt.: Drahtgittermodell). Ein Wireframe dient zur Veranschaulichung des Layouts.

3 Scribbeln Sie das Plakat.

Layoutdatei

Dokument erstellen

1 Erstellen Sie eine neue InDesign-Datei unter Menü *Datei > Neu > Dokument...* `STRG` `N` (▦) bzw. `command` `N` ( ).

2 Geben Sie die folgenden Werte in das Startfenster ein:
   - Dateiname **A**: Fotocollage
   - Breite und Höhe **B**: 841 mm x 594 mm
   - Seiten **C**: 1
   - Ränder **D**: oben 85,5 mm, unten 85,5 mm, links 47 mm, rechts 47 mm

3 Bestätigen Sie Ihre Eingaben mit *Erstellen* **E**.

Rasterzellen anlegen

1 Wählen Sie im Werkzeugfenster das Werkzeug *Rechteckrahmen* **F**.

2 Klicken Sie auf die Arbeitsfläche und geben Sie die Werte für Breite und Höhe ein **G**.

3 Positionieren Sie den Rahmen in die linke obere Ecke des Satzspiegels **H**.

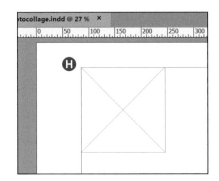

4 Duplizieren Sie die Rasterzelle unter Menü *Bearbeiten
> Duplizieren und versetzt ein-
fügen...* `STRG` `ALT` `U` (⊞) bzw.
`command` `ALT` `U` (⌘).

- Zeilen: 3
- Spalten: 4
- *Als Raster erstellen* ausge-
wählt
- Versatz Vertikal: 170 mm
(Rasterzelle 160 mm plus
Zwischenabstand 10 mm)
- Versatz Horizontal: 170 mm
(Rasterzelle 160 mm plus
Zwischenabstand 10 mm).

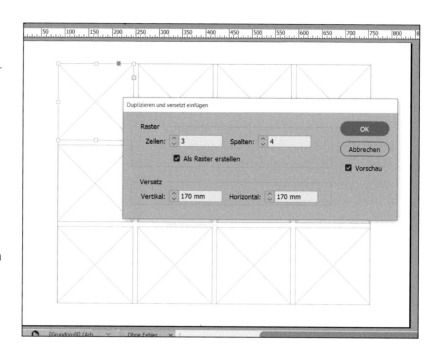

Bildrahmen einrichten

Im nächsten Schritt modifizieren
Sie die Rechteckrahmen/Bildrah-
men entsprechend den Vorgaben des Entwurfs.

1 Löschen Sie in der ersten Reihe von links aus den zweiten
und den dritten Bildrahmen.

2 Setzen Sie die Breite des linken Rahmens auf 500 mm.

3 Löschen Sie die beiden
Rahmen in der linken und
rechten unteren Ecke.

4 Setzen Sie die Höhe der beiden über der Lücke stehen-
den Rahmen auf 330 mm.

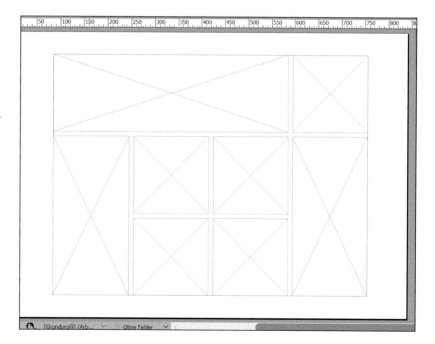

Bilder bearbeiten

Die weiteren Bearbeitungsschritte in **Photoshop** hängen vom Motiv und der Tonwertcharakteristik des einzelnen Bildes ab.

1 Optimieren Sie die Bilder mit den Korrektureinstellungen z. B. unter Menü *Ebene > Neue Einstellungsebene >*
- *Helligkeit/Kontrast...*
- *Tonwertkorrektur...*
- *Gradationskurven...*

2 Optimieren Sie die Bildschärfe unter Menü *Filter > Scharfzeichnungsfilter > Unscharf maskieren...*

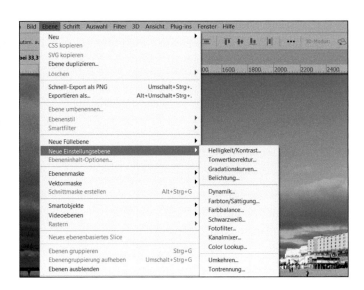

Bilder platzieren

1 Wählen Sie den Bildrahmen aus.

2 Platzieren Sie das Bild mit Menü *Datei > Platzieren...* [STRG] [D] (⊞) bzw. [command] [D] (⌘)

3 Legen Sie Bildausschnitt und Bildgröße im Bildrahmen fest.

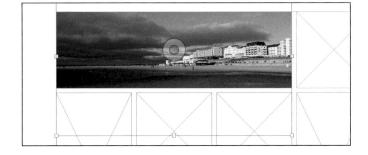

Layout anpassen

Um das Plakat zunächst als PDF und als Vorabdruck im Format DIN A4 auszugeben, müssen Sie das Layout verkleinern.

1 Gehen Sie unter Menü *Datei > Layout anpassen...* [STRG] [⇧] [P] (⊞) bzw. [command] [⇧] [P] (⌘).

2 Geben Sie das *Seitenformat* A4 ein **Ⓐ**.

3 Aktivieren Sie die Optionen *Ränder automatisch an Änderungen der Seitengröße anpassen* **Ⓑ** und *Schriftgrad anpassen* **Ⓒ**.

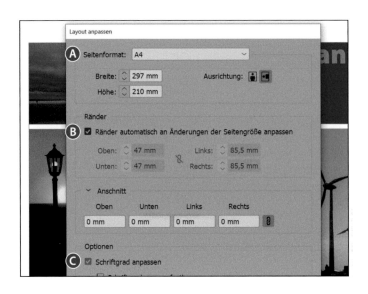

PDF exportieren

Im letzten Arbeitsschritt exportieren Sie das InDesign-Dokument als PDF.

1 Öffnen Sie den Exportdialog unter Menü *Datei > Exportieren...* `STRG` `E` (⊞) bzw. `command` `E` (⌘).

2 Wählen Sie die Adobe PDF-Vorgabe *[Druckausgabequalität]* **Ⓐ**.

3 Öffnen Sie die Karteikarte *Komprimierung* **Ⓑ**. Belassen Sie die Einstellungen für *Komprimierung*. Die hohe Auflösung der Bilddateien wird somit auf die korrekte Ausgabeauflösung heruntergerechnet.

4 Aktivieren Sie die Option *Bilddaten auf Rahmen beschneiden* **Ⓒ**, damit nur die Bildbereiche im Bildrahmen exportiert werden.

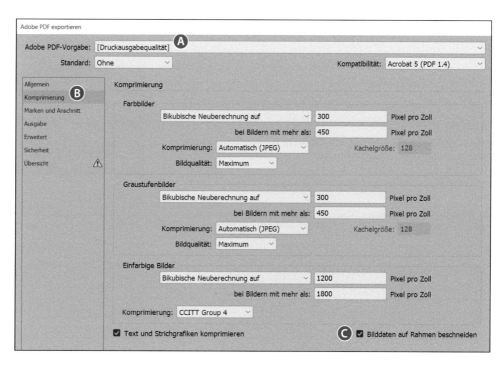

Fotocomposing

Briefing

Szenario

Für das Werbeplakat einer Parkanlage soll ein grafisches Fotocomposing erstellt werden. Gegeben sind zwei Fotografien mit Gegenlichtaufnahmen in der Dämmerung. Texte sind für diesen ersten Bildentwurf nicht relevant.

- Maße: 30 cm x 46 cm
- Dateiformat: TIFF, keine Ebenen, nicht komprimiert
- Farbprofil: PSOcoated_v3.icc
- Auflösung: 300 ppi

SOFTWARE

- Photoshop (oder anderes Bildbearbeitungsprogramm)

DATEN

www.bi-me.de/download

VORWISSEN

S. 16: Pixel
S. 20: Farbmodi
S. 23: Dateiformate
S. 44: Farbeinstellungen

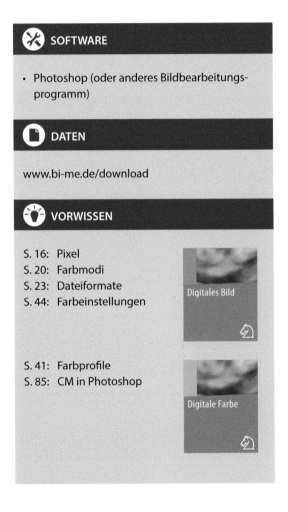

Digitales Bild

S. 41: Farbprofile
S. 85: CM in Photoshop

Digitale Farbe

Bilder für Fotocomposing

Technische Angaben

Bildgröße

- 3648 Px x 5472 Px
- 350 ppi

Farbprofil

- sRGB

Dateiformat

- JPEG

Planung

Bilddateien

- Bilddateien herunterladen
- Technische Parameter analysieren
- Bildgestaltung konzipieren

Farbprofil

- Farbprofil auswählen
- Ggf. neues Farbprofil laden und installieren (S. 15)

Bildbearbeitung

- Bilddateien öffnen
- Hintergrundebene in zweite Bilddatei duplizieren
- Ebene bearbeiten
- Farbprofil zuweisen
- Bilddatei speichern

Produktion

Ebenenstil

1 Öffnen Sie die beiden Bilddateien in Photoshop unter Menü *Datei > Öffnen...* STRG o (⊞)bzw. command o (⌘).

2 Duplizieren Sie die Hintergrundebene der Datei „bild-2.JPG" im Kontextmenü des Fensters *Ebene* mit *Ebene duplizieren...* **A** nach „bild-1.JPG" **B**.

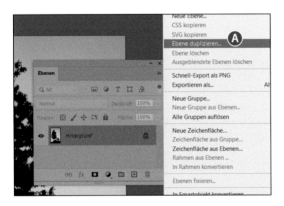

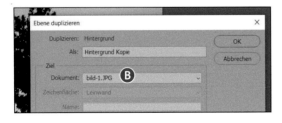

3 Öffnen Sie das Fenster *Ebenenstil* mit einem Doppelklick im Fenster *Ebenen* auf *Hintergrund Kopie* **C**.

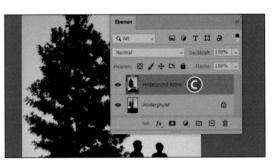

4 Deaktivieren Sie im Fenster *Ebenenstil* den Rotkanal *Kanäle R* **D**.

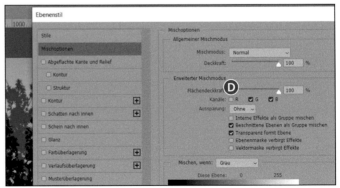

Bildformat

1 Geben Sie in der Titelleiste des Freistellungswerkzeugs die Zielwerte ein:
- Breite: 30 cm Ⓐ
- Höhe: 46 cm Ⓑ
- Auflösung: 300 ppi Ⓒ

2 Bestätigen Sie die Größenänderung.

3 Vereinigen Sie die beiden Bildebenen mit *Auf Hintergrundebene reduzieren* im Kontextmenü des Fensters *Ebenen*.

Farbprofil

1 Öffnen Sie unter Menü *Bearbeiten > In Profil umwandeln...* das Einstellungsfenster Ⓓ. Der Quellfarbraum Ⓔ entspricht dem RGB-Farbprofil der Bilddatei „bild-1". Der Zielfarbraum Ⓕ ist der CMYK-Arbeitsfarbraum. Dieser ist in den Photoshop-Farbeinstellungen festgelegt.

2 Bestätigen Sie die Konvertierung mit *OK* Ⓖ.

Speichern

1 Speichern Sie die Datei als *composing. tif* im Menü *Datei > Speichern unter... > Dateityp: TIFF (*.TIF, *.TIFF)*.

2 Wählen Sie im Fenster *TIFF-Optionen* Ⓗ als *Bildkomprimierung Keine* Ⓘ. Die übrigen Einstellungsoptionen belassen Sie in der Grundeinstellung.

Fotografie – Bewegung

Briefing

Szenario

Die Allgemeine Krankenkasse (AKK) möchte Jugendliche zu mehr Bewegung motivieren. Für die Aktion „Jugend in Bewegung" sollen Sie Werbefotos erstellen. Die Krankenkasse wünscht sich dafür Bilder mit Motiven, die für Jugendliche attraktiv sind und in denen „Bewegung" eine besondere Rolle spielt. Für die Verwendung in Digital- und Printmedien wünscht sich die Krankenkasse eine Auswahl von zehn Fotos.

Überlegen Sie sich, wie Sie durch Motivwahl, Perspektive, Bildausschnitt und Kameraeinstellung dieses Thema bestmöglich zum Ausdruck bringen können. Nutzen Sie dazu die verschiedenen Möglichkeiten, Bewegung in Fotos darzustellen, verwenden Sie bei Bedarf ein Bildbearbeitungsprogramm, um nachträgliche Effekte vorzunehmen.

🛠 SOFTWARE

- Photoshop (oder ein anderes Bildbearbeitungsprogramm)

📄 DATEN

www.bi-me.de/download

💡 VORWISSEN

S. 4:   Bildgestaltung
S. 26: Kameratypen
S. 30: Sensoren
S. 35: Objektive

S. 5:   Bildaufbau
S. 13: Bildbeurteilung und Bewertung
S. 48: Basiskorrektur

Technische Angaben

Fotografie

Das Wort „Fotografie" bedeutet übersetzt aus dem Griechischen „Zeichnen mit Licht". Es geht beim Fotografieren immer darum, mittels einer bestimmten Lichtmenge ein dauerhaftes Abbild der Realität zu schaffen, egal ob analog oder digital, per Smartphone, DSLR (Spiegelreflexkamera) oder DSLM (spiegellose Systemkamera).

Wie funktioniert das mit der Lichtmenge und dem Fotografieren? Stellen wir uns vor, wir haben eine Sanduhr und die Menge an Sand entspricht der Lichtmenge beim Fotografieren. Je nachdem, ob die Öffnung zwischen den zwei Bereichen klein Ⓐ oder groß Ⓑ ist, benötigt der Sand mehr Ⓒ oder weniger Ⓓ Zeit, um nach unten zu rieseln. Die Öffnung Ⓐ/Ⓑ ist vergleichbar mit der Blende in einer Kamera. Diese wird jedoch im Gegensatz zur Sanduhr gezielt eine bestimmte Zeit lang geöffnet, um die richtige Lichtmenge auf den lichtempfindlichen Sensor auftreffen zu lassen. Je nachdem, wie weit die Blende geöffnet ist, dauert es kürzer oder länger, bis die benötigte Menge an Licht beisammen ist.

Oft stößt man beim Fotografieren an Grenzen, gerade wenn wenig Licht zur Verfügung steht, weil man sich z. B. in einem Raum befindet. Man kann dann nicht jede Blende bzw. Belichtungszeit realisieren, die man sich wünscht, oder nur bei einer hohen Lichtempfindlichkeit (ISO-Wert), was wiederum die Bildqualität vermindert.

Wahl der Belichtungszeit

Bei einer kurzen Belichtungszeit werden Bewegungen „eingefroren", bei einer langen Belichtungszeit werden Bewegungen verwischt dargestellt. Besonders gut eignet sich eine Belichtungszeit, bei der manche Elemente des Bildes mit Bewegungsunschärfe abgebildet, andere hingegen scharf dargestellt werden.

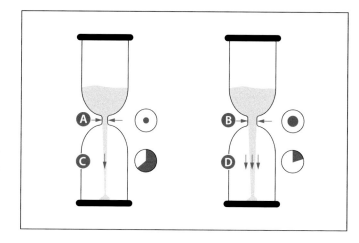

Bei dem oberen Möwenfoto wurde eine sehr kurze Belichtungszeit gewählt: 1/2000 s. Die Möwe wirkt wie „eingefroren". Beim unteren Bild wurde eine Belichtungszeit von 1/320 s gewählt, immer noch eine sehr kurze Belichtungszeit. Diese Zeit war hier aber lange genug, um die Flügel, die sich schnell bewegen, mit Bewegungsunschärfe abzubilden, den Körper der Möwe, der sich langsamer bewegt, aber scharf darzustellen.

Planung

Ausrüstung

- Kameras und Zubehör sichten
- Technische Daten prüfen
- Mit Bedienung vertraut machen

Fotografie

- Motive auswählen
- Licht nutzen
- Kamerabewegungen einsetzen

Bildbearbeitung

- Bilder kopieren
- Bildkorrekturen durchführen

Bildauswahl

- Fotos bewerten
- Fotos auswählen

Produktion

Ausrüstung

1 Prüfen Sie, welche Ausrüstung Ihnen zur Verfügung steht:
   - Mobile Endgeräte mit Kamera
   - DSLR-/DSLM-Kameras
   - Objektive
   - Blitz (intern/extern)

2 Prüfen Sie die Eignung der Ausrüstung. Für dieses Thema sollten Sie die Möglichkeit haben, an der Kamera die Belichtungszeit manuell festzulegen.

3 Lesen Sie ggf. in der Bedienungsanleitung Ihrer Kamera bzw. Ihres mobilen Endgerätes nach, wie Sie ein geeignetes Motivprogamm wählen bzw. die Blende manuell einstellen können.
   Bei DSLR- bzw. DSLM-Kameras müssen Sie zur manuellen Wahl der Blende auf den entsprechende Modus wechseln, z. B. „S" für „Speed" oder „Tv" Ⓐ für „Time Value".

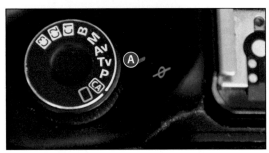

4 Sind die Akkus geladen? Nehmen Sie ggf. eine Powerbank bzw. Ersatzakkus mit.

Fotografie

Motiv

1 Bewegungen in Fotos festzuhalten gelingt nur, wenn entweder das Motiv in Bewegung ist oder Sie selbst beim Fotografieren in Bewegung sind.

2 Sie können Bewegungen durch eine kurze Belichtungszeit, hier 1/800 s **A**, einfrieren oder durch eine lange Belichtungszeit, hier 1/13 s **B**, verschwommen festhalten.

Licht

1 Nehmen Sie z. B. die Taschenlampe am Smartphone und „malen" Sie in einem dunklen Zimmer das Foto. Variieren Sie Geschwindigkeit und Belichtungszeit. Die Bilder hier wurden mit 20 s **C**, 30 s **D** bzw. 1/30 s **E** aufgenommen.

 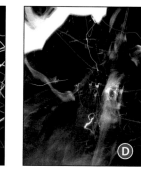 

2 Sie können auch mit dem Blitz Bewegung in Bilder bringen. Bei diesen Bildern wurde geblitzt und gleichzeitig länger belichtet, als die Automatik vorsieht. Normal wäre bei einer Blitzaufnahme z. B. 1/60 s, hier wurde jeweils mit 1/15 s belichtet.

Kamerabewegungen

1 Wenn Sie über ein Zoomobjektiv verfügen, dann können Sie zoomen und gleichzeitig auslösen und auf diese Weise statische Motive in Bewegung versetzen.

2 Gerade schnelle Bewegungen können Sie durch „Mitziehen" besonders dynamisch darstellen. Indem Sie während des Auslösens die Kamera mit dem Objekt bewegen, sorgen Sie dafür, dass das Objekt scharf und der Hindergrund unscharf abgebildet wird. Bei der Abbildung wurde dazu eine Belichtungszeit von 1/150 s genutzt.

Bildbearbeitung

Bilder kopieren

1 Kopieren Sie die erstellten Fotos auf den Computer, an dem Sie die Bilder bearbeiten möchten.

2 Führen Sie Bildkorrekturen in Photoshop durch, ggf. können Sie auch nachträglich „Bewegung" in Ihre Bilder bringen, wie im nachfolgenden Beispiel gezeigt.

Bild mit Bewegung versehen

Hier wird beispielhaft an der Datei „federahannes.jpg" gezeigt, wie Bewegungen in Photoshop hinzugefügt werden können. Sie können diese Übung auch mit einem Ihrer eigenen Fotos durchführen.

1 Downloaden Sie ggf. das Bild des Federahannes unter www.bi-me.de/download.

2 Öffnen Sie die Bilddatei (z. B. die Datei „federahannes.jpg") in Photoshop unter Menü *Datei > Öffnen...* [STRG] [O] (🪟) bzw. [command] [O] (🍎).

3 Wählen Sie im Fenster *Ebenen* über die rechte Maustaste *In Smartobjekt konvertieren* Ⓐ, damit Sie Effekte hinzufügen können, ohne dass Sie das Originalbild dauerhaft ändern.

4 Um Bewegung in mehrere Richtungen oder entlang eines gebogenen Pfads zu erzeugen, wählen Sie *Filter > Weichzeichnergalerie > Pfad-Weichzeichnung*.

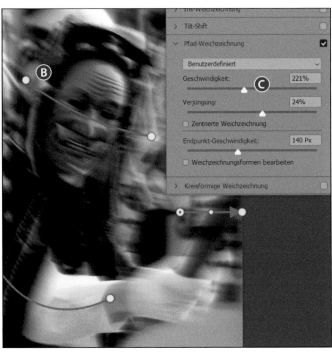

5 Ziehen Sie die Kontrollpunkte **B**, um einen Weichzeichnereffekt in Pfeilrichtung zu erstellen. Erzeugen Sie durch Klicken und Ziehen in weiteren Bildbereichen Weichzeichnungspfade in andere Richtungen. Passen Sie ggf. die Werte **C** im Fenster *Weichzeichnergalerie* an.

6 Wählen Sie in der oberen Menüleiste zum Abschließen *OK*.

7 Mit Doppelklick auf *Weichzeichnergalerie* im Fenster *Ebenen* **D** können Sie auch nachträglich noch Änderungen am Filter durchführen.

8 Wählen Sie im Fenster *Ebenen* durch Anklicken das weiße Feld **E** des Smartfilters aus.

9 Malen Sie nun mit dem Pinsel-Werkzeug ⌶, die Bereiche des Bildes schwarz, die von dem Effekt nicht betroffen sein sollen, also den Hintergrund und ggf. Teile des Objektes, hier des Federahannes. Beim Objekt können Sie auch die Deckkraft von Schwarz verringern, bzw. mit Grautönen malen, um den Effekt abzuschwächen. Links abgebildet **F** sehen Sie das Original, rechts die in Photoshop bearbeitete Bilddatei **G**.

10 Speichern Sie die Bilddatei.

Bildauswahl

Die Auswahl von Bildern ist nicht einfach. Hier einige Fragestellungen, die Sie bei der Auswahl berücksichtigen können:

- Passt das Bild zum Thema „Jugend in Bewegung"?
- Ist das Bild technisch einwandfrei, ist das Motiv scharf?
- Fällt Ihnen spontan ein Grund ein, warum genau dieses Bild ausgewählt werden sollte?
- Gibt es etwas, was dieses Bild besonders macht, es aus der Masse abhebt?

Fotografie – Figur-Grund-Trennung

Briefing

Szenario

Für einen Fotowettbewerb soll das Thema „Scharf–unscharf" in Szene gesetzt werden.

Überlegen Sie sich, wie Sie durch Motivwahl, Perspektive, Bildausschnitt und Kameraeinstellung dieses Thema bestmöglich zum Ausdruck bringen können. Fertigen Sie mit einer Kamera Ihrer Wahl eine Auswahl von Fotos an, von denen Sie dann fünf auswählen.

Nutzen Sie, wenn möglich, unterschiedliche Kameras, um die Vielfalt an Möglichkeiten ausschöpfen zu können.

Erzeugen Sie in Ihren Aufnahmen eine Figur-Grund-Trennung, indem Sie Schärfe und Unschärfe bewusst einsetzen. Testen Sie dabei den Einfluss von Abständen, Brennweite, Sensorgröße und Blende auf die Schärfentiefe.

SOFTWARE

- Photoshop (oder ein anderes Bildbearbeitungsprogramm)

DATEN

www.bi-me.de/download

VORWISSEN

S. 4:	Bildgestaltung
S. 26:	Kameratypen
S. 30:	Sensoren
S. 35:	Objektive

Digitale Fotografie

S. 5:	Bildaufbau
S. 13:	Bildbeurteilung und Bewertung
S. 48:	Basiskorrektur

Digitales Bild

Technische Angaben

Fotografie

Das Wort „Fotografie" bedeutet übersetzt aus dem Griechischen „Zeichnen mit Licht". Es geht beim Fotografieren immer darum, mittels einer bestimmten Lichtmenge ein dauerhaftes Abbild der Realität zu schaffen, egal ob analog oder digital, per Smartphone, DSLR (Spiegelreflexkamera) oder DSLM (spiegellose Systemkamera).

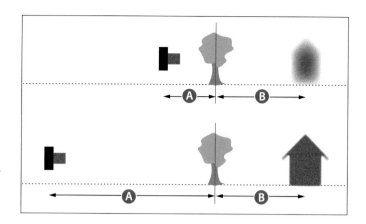

Figur-Grund-Trennung

Um eine größere Tiefenwirkung in Fotos zu erreichen, hilft es, über Schärfe und Unschärfe eine Figur-Grund-Trennung zu erzeugen. Der Vordergrund wird scharf abgebildet, der Hintergrund unscharf. Erreicht werden kann diese Trennung physikalisch oder per Bildbearbeitung. Viele mobilen Endgeräte verfügen heute über eine Funktion, die eine solche Figur-Grund-Trennung über Schärfe/Unscharfe automatisch über Bildbearbeitung erzeugt, meist wird diese Einstellung „Portrait" genannt. Manchmal können nur Personen „freigestellt" werden, manchmal auch Objekte.

Ob in einem Foto physikalische, also „tatsächliche" Unterschiede bzgl. Schärfe/Unschärfe erzielt werden können, hängt von verschiedenen Faktoren ab, die im Folgenden näher erläutert werden.

Absolut scharf abgebildet wird immer nur die Bildebene, auf die fokussiert (scharfgestellt) wird. Ein Bereich davor und dahinter wirkt aber für uns auch scharf.

Einfluss von Abständen

Das Verhältnis der Abstände in einem Foto ist ausschlaggebend dafür, wie groß die Bereiche sind, die in einem Bild scharf bzw. unscharf abgebildet werden. Je kleiner der Abstand Ⓐ zwischen der Kamera und dem ersten Objekt, in diesem Fall dem Baum, desto unschärfer erscheinen andere Objekte, die einen größeren Abstand zur Kamera haben,

wie in diesem Fall das Haus. Gegebenenfalls kann durch eine Vergrößerung des Abstandes Ⓑ der Effekt noch verstärkt werden, wenn es sich nicht um einen Baum, sondern z. B. um eine Person handelt.

Einfluss der Brennweite

Je größer die Brennweite Ⓒ, desto größer die Abbildung auf dem Sensor. Da der Bereich, in dem Objekte scharf abgebildet werden Ⓓ, gleich bleibt, erscheint im unteren Beispiel mit der größeren Brennweite das Haus unscharf, im oberen wird es scharf abgebildet.

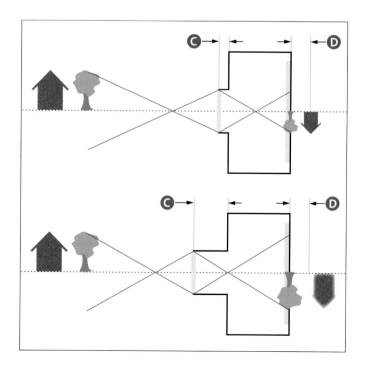

Einfluss der Sensorgröße

Je größer der Sensor **A**, desto größer die Abbildung auf dem Sensor. Da der Bereich, in dem Objekte scharf abgebildet werden **B**, gleich bleibt, erscheint im unteren Beispiel mit dem größeren Sensor das Haus unscharf, im oberen wird es scharf abgebildet.

Einfluss der Blende

Wie auf Seite 53 beschrieben und dargestellt, kann man sich den Zusammenhang zwischen Belichtungszeit und Blendenöffnung vorstellen wie bei einer Sanduhr. Die Blendenöffnung ist aber auch verantwortlich dafür, in welchem Winkel das Licht auf den Sensor trifft. Je nach Blendenöffnung erscheinen so größere oder kleinere Bereiche der Bildtiefe scharf oder unscharf.

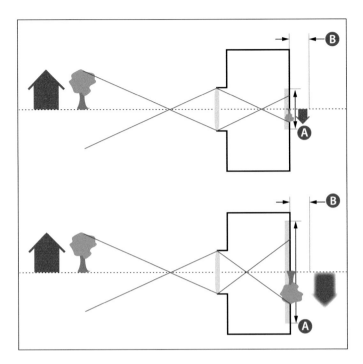

Ist die Blendenöffnung klein **C** (große Blendenzahl), wie in der Abbildung oben dargestellt, dann wirkt sich der Bereich **D**, der von Menschen als scharf empfunden wird,

stärker im Bild aus und erzeugt eine größere Schärfentiefe, also wird ein großer Bereich **E** im Bild scharf. In diesem Beispiel wird daher

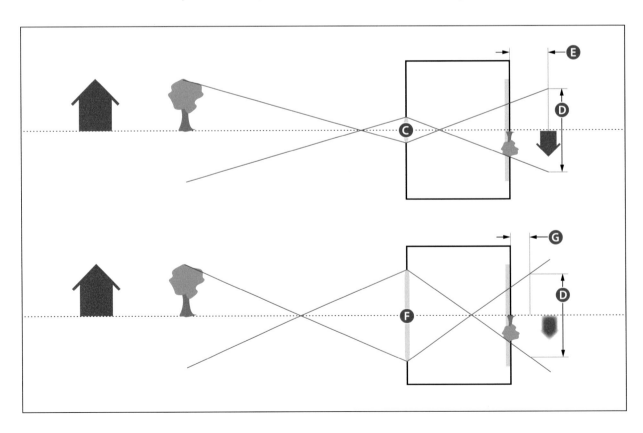

das Haus zusätzlich zum Baum scharf abgebildet. Bei einer großen Blendenöffnung **F** (kleine Blendenzahl), wie im unteren Beispiel, wird hingegen ein kleinerer Bereich **G** des Bildes scharf, man erreicht eine geringe Schärfentiefe. Das Haus wird unscharf dargestellt.

Fazit

Bei mobilen Endgeräten ist es schwer, große Sensoren einzubauen oder große Brennweiten zu realisieren, daher sind in dieser Disziplin DSLR- bzw. DSLM-Kameras im Vorteil. Bezüglich Blendenwahl und Abstand ist die Art der Kamera unbedeutend.

Planung

Ausrüstung

- Kameras und Zubehör sichten
- Technische Daten prüfen
- Mit Bedienung vertraut machen

Fotografie

- Motive auswählen
- Perspektive nutzen

Bildbearbeitung

- Bilder kopieren
- Bildkorrekturen durchführen

Bildauswahl

- Fotos bewerten
- Fotos auswählen

Produktion

Ausrüstung

1 Prüfen Sie, welche Ausrüstung Ihnen zur Verfügung steht:
- Mobile Endgeräte mit Kamera
- DSLR-/DSLM-Kameras
- Objektive

2 Prüfen Sie die Eignung der Ausrüstung. Die Brennweite **A** von Objektiven steht meist vorne am Objektiv. Bereichsangaben, wie z. B. „17 - 40 mm", zeigen, dass die Brennweite verstellt werden kann. Die maximale Blendenöffnung **B** ist ebenfalls auf den meisten Objektiven vermerkt. „1 : 1,4" bedeutet, dass „1,4" die kleinste mögliche Blendenzahl ist. Wenn bei der Blendenzahl ein Bereich angegeben ist, also z. B.

„1 : 3,5 - 5,6", dann bedeutet das, dass je nach eingestellter Brennweite die kleinste mögliche Blende zwischen 3,5 und 5,6 variiert.

3   Lesen Sie ggf. in der Bedienungsanleitung Ihrer Kamera bzw. Ihres mobilen Endgerätes nach, wie Sie ein geeignetes Motivprogramm wählen bzw. die Blende manuell einstellen können.
Bei DSLR- bzw. DSLM-Kameras müssen Sie zur manuellen Wahl der Blende auf den entsprechenden Modus wechseln, z. B. „A" oder „Av" **A** für „Aperture Value".

4   Sind die Akkus geladen? Nehmen Sie ggf. eine Powerbank bzw. Ersatzakkus mit.

Fotografie

Motiv

1   Sorgen Sie für Tiefe in Ihren Aufnahmen. Flache Motive **B** sind nicht geeignet, um Schärfe-Unschärfe-Unterschiede zu erzeugen.

2   Für eine noch bessere Tiefenwirkung können Sie auch Objekte **C** vor dem Motiv im Bildausschnitt platzieren, die dann bewusst unscharf im Vordergrund zu sehen sind.

3   Experimentieren Sie. Beim rechten Bild **D** wurde manuell auf eine Ebene fokussiert, auf der sich keine Objekte befinden. Die LED-Lämpchen erscheinen auf dieser Bildebene als Leuchtkreise.

Perspektive

1   Je nachdem, wie Sie die Perspektive wählen, können Sie eine kleinere oder größere

Tiefenwirkung erzeugen und damit größere oder kleinere Schärfe-Unschärfe-Unterschiede erzeugen.

2 Achten Sie genau darauf, auf welche Bildebene fokussiert wurde. Beim rechten Bild war es wichtig, dass der Kopf des Vogels scharf dargestellt wird. Wie Sie sehen, ist der Schwanz des Vogels beim rechten Bild bereits unscharf.

Bildbearbeitung

1 Kopieren Sie die erstellten Fotos auf den Computer, an dem Sie die Bilder bearbeiten möchten.

2 Führen Sie Bildkorrekturen in Photoshop durch, ggf. können Sie auch nachträglich für Schärfe-Unschärfe-Unterschiede sorgen. Hierzu können Sie, wie auf Seite 18 ff. beschrieben, Objekte freistellen und danach über *Filter > Weichzeichnungsfilter > Gaußscher Weichzeichner...* den Hintergrund weichzeichnen. Bei dem abgebildeten Beispiel wurde der Schneebär mit dem Portrait-Modus eines Smartphones aufgenommen, links das Basisbild, rechts das Bild mit Schärfe-Unschärfe-Effekt. Alle anderen abgebildeten Fotos in diesem Kapitel wurden mit einer DSLR-Kamera aufgenommen.

Bildauswahl

Die Auswahl von Bildern ist nicht einfach. Hier einige Fragestellungen, die Sie bei der Auswahl berücksichtigen können:
- Passt das Bild zum Thema „Scharf–unscharf"?
- Ist das Bild technisch einwandfrei, ist das Motiv scharf?
- Fällt Ihnen spontan ein Grund ein, warum genau dieses Bild ausgewählt werden sollte?
- Gibt es etwas, was dieses Bild besonders macht, es aus der Masse abhebt?

Grafik

Briefing

Szenario

Der Esoterikshop *Stjörnurykur* (isländisch für Sternenstaub) bietet verschiedene Objekte als Wandschmuck an. Nun soll das Sortiment durch eine Wanduhr erweitert werden.

Der Zifferblatthintergrund zeigt Yin und Yang. Yin und Yang stehen in der chinesischen Philosophie für Harmonie und Gleichgewicht.

Erstellen Sie einen Entwurf des Zifferblatts mit den Stunden in arabischen Ziffern und den beiden Uhrzeigern, ohne Minutendarstellung. *Stjörnurykur* steht als Schriftzug in der unteren Hälfte des Zifferblatts.

Die Illustrator-Dateien werden als 2D-Vektorgrafik in den Dateiformaten EPS und PDF gespeichert.

SOFTWARE

- Illustrator (oder anderes Grafikprogramm)

DATEN

www.bi-me.de/download

VORWISSEN

S. 68: 2D-Vektorgrafik mit Illustrator
S. 73: Objekte erstellen

Zeichen und Grafik

S. 15: Ziffern und Zahlen
S. 42: Wahl der richtigen Schrift

Typografie

Technische Angaben

Format

- Arbeitsfläche: DIN A4
- Uhrform: rund
- Zifferblatt: 180 mm
- Rand: 3 mm

Schrift

- Frei wählbar

Farbe

- Yin und Yang: frei wählbar
- Uhrzeiger: grün, Tonwert wählbar
- Schriftfarbe: grün

Planung

Konzeption und Entwurf

- Zifferblatt entwerfen
- Positionen der Ziffern und Uhrzeiger berechnen

Grafik und Schrift

- Ebenen erstellen
- Grundform erstellen
- Stundenziffern setzen und positionieren
- Firmenschriftzug setzen und positionieren
- Uhrzeiger erstellen und positionieren

Zeigerstellung

Die Zeigerstellung zeigt die Uhrzeit 10 Minuten nach 10 Uhr. Dies ist eine in der Werbung sehr weitverbreitete Zeigerstellung zur analogen Zeitanzeige. In dieser Position verdecken die Zeiger weder das Logo der Herstellermarke noch andere Details wie etwa die Datumsanzeige. Die Zeiger bilden ein breites V, und genau diese V-Stellung ist es, die dem potenziellen Kunden den Eindruck eines Lächelns vermitteln soll – ein Lächeln, das wiederum den Kaufreiz des Kunden anregen soll.

Produktion

Entwürfe erstellen

1   Recherchieren Sie das Aussehen der Grafik von Yin und Yang.

2   Scribbeln Sie Ihre Entwürfe.

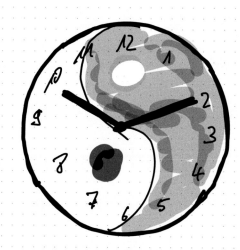

AI-Dokument erstellen

Neue Zeichenfläche

1 Erstellen Sie eine neue Illustrator-Datei unter Menü *Datei > Neu...* STRG N (⊞) bzw. command N (⬛).

2 Geben Sie die folgenden Werte in das Startfenster ein:
- Dateiname: Zifferblatt
- Breite und Höhe: 210 mm x 297 mm
- Zeichenflächen: 1

3 Bestätigen Sie die Eingaben mit *Erstellen*.

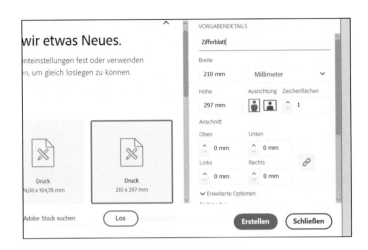

Ebenen

1 Erstellen Sie für die verschiedenen Elemente jeweils ein eigene Ebene:
- Rand
- YinUndYang
- Ziffern
- Uhrzeiger
- Schriftzug

2 Benennen Sie die *Ebene 1* Ⓐ neu. Mit einem Doppelklick auf *Ebene 1* öffnen Sie die Texteingabe. Ersetzen Sie den Ebenennamen *Ebene 1* durch das Wort *Rand* Ⓑ. Bestätigen Sie die Eingabe mit einem Klick in das Fenster *Ebenen* Ⓒ.

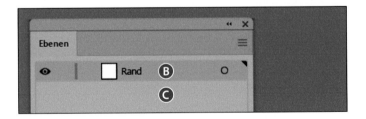

3 Erstellen Ⓓ und benennen Sie die weiteren Ebenen.

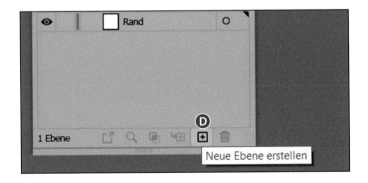

Rand

Erstellen Sie auf der Ebene *Rand* Ⓐ die äußere Form der Wanduhr.

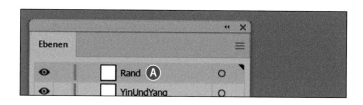

1 Wählen Sie in der Werkzeugpalette das *Ellipse-Werkzeug* Ⓑ.

2 Klicken Sie mit dem Werkzeugcursor auf die Zeichenfläche und geben Sie die Maße für Breite und Höhe ein Ⓒ.

3 Bestätigen Sie Ihre Eingaben mit *OK* Ⓓ.

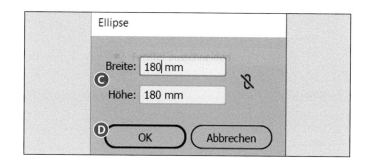

4 Im Fenster *Kontur* geben Sie die folgenden Werte ein:
- Stärke: 3 mm Ⓔ
- Konturausrichtung: außerhalb des Pfads Ⓕ

Yin und Yang

Erstellen Sie auf der Ebene *YinUndYang* die Hintergrundgrafik des Zifferblatts.

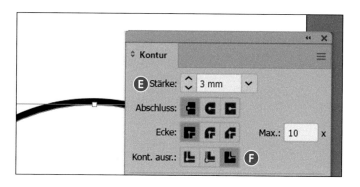

1 Kopieren Sie die Kreisform aus der Ebene *Rand* in die Zwischenablage [STRG] [c] (⊞) bzw. [command] [c] (⌘).

2 Fügen Sie den Kreis in der Ebene *YinUndYang* mit Menü *Bearbeiten > Davor einfügen* ein [STRG] [F] (⊞) bzw. [command] [F] (⌘).

3 Im Fenster *Kontur* geben Sie die folgenden Werte ein:
- Stärke: 0,5 mm Ⓖ
- Konturausrichtung: mittig im Pfad Ⓗ

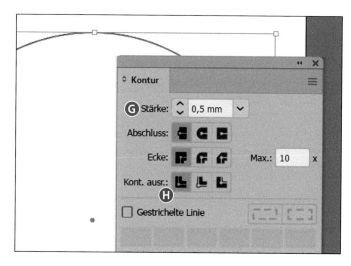

4 Kopieren Sie den modifizierten Kreis in die Zwischenablage ⌗STRG⌗ ⌗C⌗ (⊞) bzw. ⌗command⌗ ⌗C⌗ (⌘).

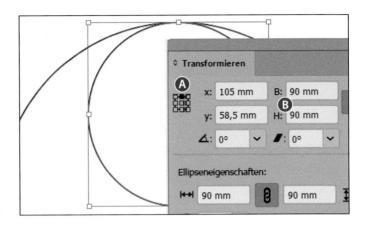

5 Fügen Sie den Kreis in die Ebene *YinUndYang* mit Menü *Bearbeiten > Davor einfügen* ein ⌗STRG⌗ ⌗F⌗ (⊞) bzw. ⌗command⌗ ⌗F⌗ (⌘).

6 Transformieren Sie den eingefügten Kreis. Geben Sie dazu im Fenster *Transformieren* die folgenden Werte ein:
- Ursprung: Oben mittig **A**
- Breite und Höhe: 90 mm **B**

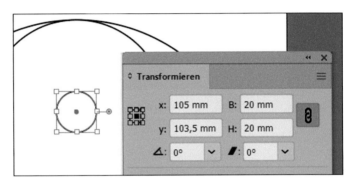

7 Fügen Sie die weiteren Kreise der Grafik hinzu.

8 Erstellen Sie eine neue Ebene.

9 Wählen Sie mit dem *Direktauswahl-Werkzeug* die Kurvensegmente einer Symbolhälfte aus und kopieren Sie diese in die neu erstellte Ebene.

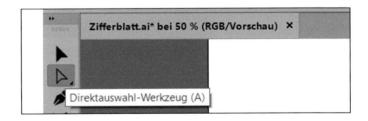

10 Fügen Sie die Kurvensegmente jeweils mit den Endpunkten zusammen. Ziehen Sie dazu mit dem *Direktauswahl-Werkzeug* eine Auswahl und verbinden Sie die beiden Ankerpunkte mit Menü *Objekt > Pfad > Zusammenfügen...* ⌗STRG⌗ ⌗J⌗ (⊞) bzw. ⌗command⌗ ⌗J⌗ (⌘) **C**.

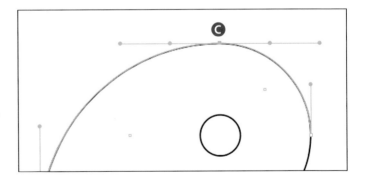

11 Erstellen Sie eine zweite neue Ebene.

12 Wählen Sie mit dem *Direktaus-Wahlwerkzeug* die Kurvensegmente der zweiten Symbolhälfte aus und kopieren Sie diese in die neu erstellte Ebene.

13 Fügen Sie die Kurvensegmente zusammen.

14 Löschen Sie die Inhalte der Ebene *YinUndYang* und kopieren Sie die eben erstellten Symbolelemente in die Ebene *YinUndYang*.

15 Löschen Sie die beiden Hilfsebenen.

16 Füllen Sie Yin und Yang mit Farben. Wählen Sie dazu Farbtöne, die den Gegensatz von Tag und Nacht symbolisieren.

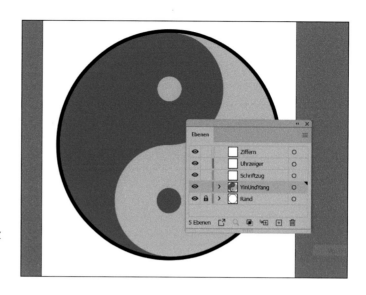

Zifferblatt strukturieren

1 Erstellen Sie eine neue Ebene.

2 Benennen Sie diese Ebene *Hilfslinien*.

3 Erstellen Sie in dieser Ebene eine senkrechte Hilfslinie, die in senkrechter Richtung durch den Kreismittelpunkt des Zifferblatts geht.

4 Wählen Sie die Hilfslinie aus.

5 Rotieren Sie die Hilfslinie **A** um 30° und kopieren **B** Sie die Hilfslinie.

6 Wiederholen Sie die Transformation unter Menü *Objekt > Transformieren > Erneut transformieren...* STRG D (⊞) bzw. command D (), um die 12 Stunden zu strukturieren.

7 Wählen Sie das *Ellipse-Werkzeug* und erstellen Sie 3 konzentrische Kreise in der Ebene *Hilfslinien*:
- $d_1 = 140\,mm$
- $d_2 = 150\,mm$
- $d_3 = 160\,mm$

8 Wählen Sie die 3 Kreise aus.

9 Konvertieren Sie die 3 Kreise in Hilfslinien **C** unter Menü *Ansicht > Hilfslinien > Hilfslinien erstellen*

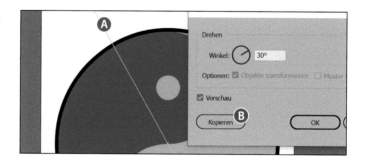

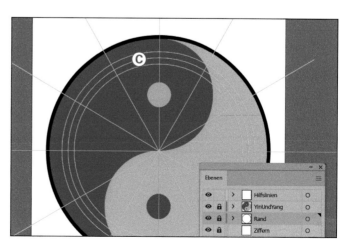

Stundenziffern

1 Setzen Sie in die Ebene *Ziffern* die Ziffer 12.

2 Legen Sie im Fenster *Zeichen* die typografischen Einstellungen fest.

3 Positionieren Sie die Ziffer.

4 Wählen Sie das Textobjekt aus und kopieren Sie es unter Menü *Bearbeiten > Kopieren* [STRG] [C] (⊞) bzw. [command] [C] (⌘).

5 Setzen Sie das Textobjekt ein, im Menü *Bearbeiten > Einfügen* [STRG] [V] (⊞) bzw. [command] [V] (⌘).

6 Positionieren Sie die Ziffer und ändern Sie diese entsprechend der Uhrzeit.

7 Fügen Sie die weiteren Stunden ein, positionieren und modifizieren Sie die Ziffern.

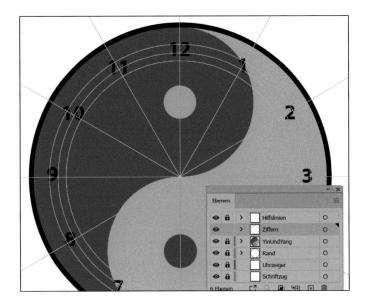

Zeigerstellung

1 Erstellen Sie in der Ebene *Uhrzeiger* den Stunden- und Minutenzeiger.
  - Form: gerade, halbrunde Enden
  - Länge: 57 mm und 67 mm
  - Stärke: 2,5 mm

2 Berechnen Sie die Winkel der Zeiger. Die angezeigte Uhrzeit ist 10 Minuten nach 10 Uhr (Stundenzeiger: 1 Minute = 0,5°, Minutenzeiger: 1 Minute = 6°).

3 Rotieren Sie die Zeiger um den Mittelpunkt des Zifferblatts Ⓐ. Wählen Sie dazu den jeweiligen Zeiger aus und klicken Sie mit gedrückter [ALT]-Taste auf den Drehpunkt.

4 Geben Sie das Winkelmaß Ⓑ in das Einstellungsfenster *Drehen* ein und bestätigen Sie die Eingabe mit *OK* Ⓒ.

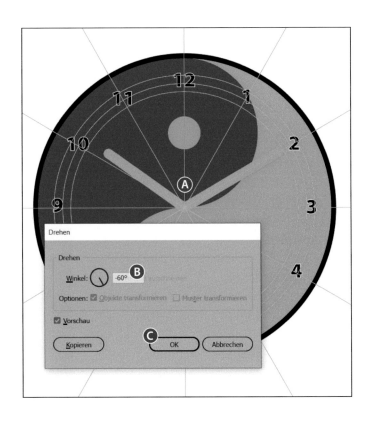

Finale Arbeiten

1 Optimieren Sie die farbliche und typo-
grafische Gestaltung.

2 Räumen Sie die Datei auf, löschen Sie
alle nicht mehr benötigten Ebenen und
Grafikelemente.

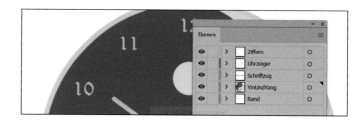

3 Speichern Sie die AI-Datei unter Menü
Speichern unter... ⇧ STRG S (⊞) bzw. ⇧
command S (⬤)
  - als Adobe PDF (*PDF) Ⓐ
  - als Illustrator EPS (*EPS) Ⓑ

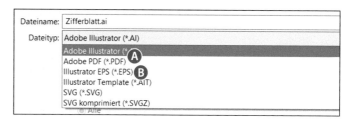

Kurzanleitung

Briefing

Szenario

Sie haben die Aufgabe, einen Teil einer Kurzanleitung für ein Set, bestehend aus einer Bluetooth-Maus und einer Bluetooth-Tastatur, zu erstellen. Sie sollen dabei die Inbetriebnahme der beiden Eingabegeräte und das Aufladen über ein USB-Kabel erklären.

Zur leichteren Verständlichkeit sind perspektivische Darstellungen anzufertigen, die mit möglichst wenig Text funktionieren. Als Vorlage für die Strichzeichnungen dienen Fotos. Ihnen stehen insgesamt zwei A5-Seiten (Hochformat) zur Verfügung.

🛠 **SOFTWARE**

• Illustrator (oder anderes Grafikprogramm)

📄 **DATEN**

www.bi-me.de/download

💡 **VORWISSEN**

S. 52: Technische Illustration
S. 67: Vektorgrafiken
S. 68: 2D-Vektorgrafik mit Illustrator

Zeichen und Grafik

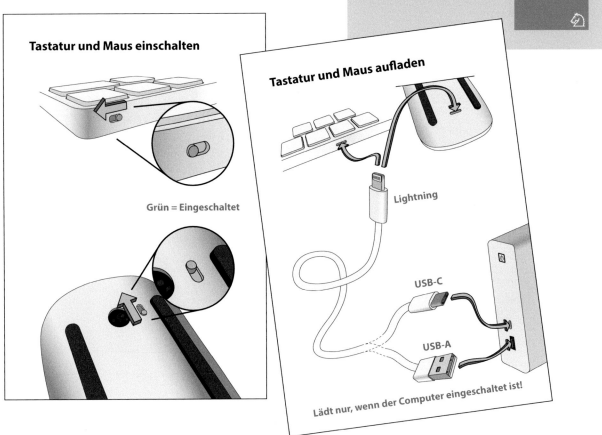

Technische Angaben

Kurzanleitung

Eine Kurzanleitung ist ein Dokument mit geringem Umfang, das etwas erklärt, sie wird der *Technischen Dokumentation* zugeordnet. Unter *Technischer Dokumentation* versteht man alle Informationen und Dokumente, die ein Gerät, eine Maschine, Anlage oder auch eine Software beschreiben bzw. ihre Verwendung und Funktionsweise erläutern. Mit Hilfe der Technischen Dokumentation muss der Zielgruppe die Benutzbarkeit möglich sein und mit ihr soll vor Gefahren und vorhersehbaren Fehlbedienungen gewarnt werden.

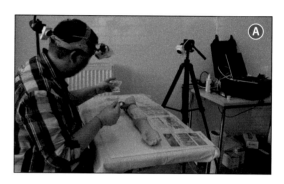

Hier einige Regeln, die bei der Erstellung von Anleitungen und Abbildungen helfen:

- Wann immer möglich, sollten zur besseren Verständlichkeit Grafiken eingesetzt werden, auch wenn dies in der Praxis mehr Arbeit bedeutet, als Fotos zu verwenden. Sie sehen rechts ein Foto **A** von einem Versuchsaufbau, darunter sehen Sie eine Grafik **B** des gleichen Versuchsaufbaus. Die Grafik zeigt deutlich besser die wesentlichen Dinge. Abbildungen sollten schließlich, wie in diesem Beispiel, nur die Informationen liefern, die zwingend notwendig sind.

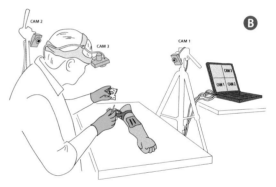

- Texte und Abbildungen sollen sich gegenseitig unterstützen, so muss z. B. eine Lokalisierung und Identifizierung von dargestellten Teilen leicht möglich sein.
- Falls eine Reihenfolge von Tätigkeiten beschrieben wird, müssen Texte und Abbildungen in derselben Reihenfolge angeordnet sein.
- Eine Abbildung muss so nah wie möglich an der Textstelle platziert sein, auf die sie sich bezieht.
- Wichtige Details müssen hervorgehoben werden, in Abbildungen kann es daher sinnvoll sein, Details überproportional groß darzustellen, auch hier zeigt sich wieder der Vorteil einer Grafik.

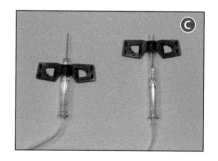

Abbildungen und Visualisierungen

Unter *Abbildungen* sind alle Darstellungsformen zu verstehen, die etwas real Vorhandenes abbilden, also das Ziel haben, real existierende Objekte so darzustellen, dass sie wiedererkannt werden. Dies kann bei den hier dargestellten Spritzen durch ein Foto **C** geschehen, aber auch durch eine Grafik in Farbe oder in Schwarz-Weiß.

Visualisierungen helfen, Dinge zu zeigen, die nicht zu sehen bzw. in der Realität nicht abbildbar sind. Zu Visualisierungen zählen auch Pfeile **D**, die Anweisungen darstellen, oder die zeichnerische Veranschaulichung einer Bewegung oder eines Rastgeräusches **E**.

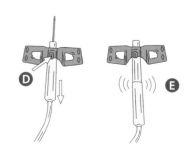

Planung

Konzeption

• Entwürfe anfertigen

Fotos erstellen

• Fotos als Zeichenvorlage fotografieren oder downloaden

Kurzanleitung erstellen

• Fotos in Strichzeichnungen umsetzen
• Visualisierungen ergänzen
• Texte ergänzen
• Datei speichern

Produktion

Konzeption

1 Nehmen Sie sich ein weißes Papier oder öffnen Sie auf dem Tablet ein neues Dokument mit einer weißen Seite. Nutzen Sie die Seite im Hochformat.

2 Fertigen Sie zunächst einen Entwurf an, der die Tätigkeit „Inbetriebnahme der beiden Eingabegeräte" erklärt.

3 Bereits die Überschrift muss durchdacht werden, Beispiele für mögliche Überschriften:
   • „Inbetriebnahme der Eingabegeräte"
   • „Inbetriebnahme von Tastatur und Maus"
   • „Tastatur und Maus einschalten"

4 Wählen Sie Ansichten und Ausschnitte von Tastatur **A** und Maus **B**, die die Position der Einschalter eindeutig erkennen lassen.

5 Ergänzen Sie ggf. Pfeile **C** und Ausschnittsvergrößerungen **D** zur besseren Verständlichkeit. Auch Hinweise **E** können sinnvoll sein.

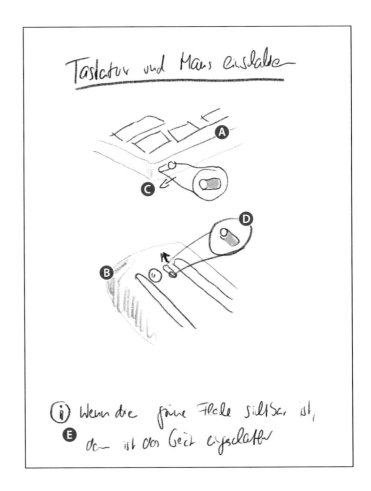

6 Nehmen Sie sich ein weiteres weißes Papier oder erstellen Sie auf dem Tablet eine weitere weiße Seite. Nutzen Sie die Seite wieder im Hochformat.

7 Fertigen Sie nun einen Entwurf an, der die Tätigkeit „Aufladen über ein USB-Kabel" erklärt.

8 Wichtig ist bei diesem Teil der Anleitung, dass die Schnittstellen „Lightning" **F**, „USB-A" **G** und „USB-C" **H** klar unterscheidbar sind. Auch muss deutlich erkennbar sein, dass für den Anschluss an USB-A ein anderes Kabel **I** benötigt wird als für den Anschluss an USB-C.

9 Ergänzen Sie auch hier ggf. Pfeile **J**, Vergrößerungen und Beschriftungen **K** zur besseren Verständlichkeit. Auch hier können Hinweise **L** sinnvoll sein.

Fotos erstellen

1 Um die Zeichnungen schnell und realitätsgetreu umsetzen zu können, sind Fotos als Zeichenvorlage hilfreich.

2 Erstellen Sie selbst Fotos oder downloaden Sie Bilder unter www.bi-me.de/download.

Kurzanleitung erstellen

1 Öffnen Sie in Illustrator eine neue Datei im Format A5, Hochformat (148 x 210 mm).

2 Fügen Sie die Textzeile „Tastatur und Maus einschalten" ein, indem Sie mit dem Textwerkzeug **T.** auf die Zeichenfläche klicken.

3 Fügen Sie die benötigten Fotos in Illustrator ein, indem Sie sie aus dem Explorer (⊞) bzw. Finder (🍎) ins Dokument ziehen oder über *Datei > Platzieren* ⇧ STRG P (⊞) bzw. ⇧ command P (🍎).

4 Legen Sie für die Fotos eine separate Ebene an. Legen Sie Teile Ihrer Zeichnungen ebenfalls auf separaten Ebenen ab, so können Sie effizienter arbeiten und vermeiden Fehler. In der Abbildung sehen Sie eine mögliche Ebenenstruktur **A** am Ende dieses Projektes.

5 Sperren Sie Objekte bei Bedarf zeitweise, damit Sie sie beim weiteren Zeichnen nicht versehentlich verschieben, indem Sie *Objekt > Sperren > Auswahl* STRG 2 (⊞) bzw. command 2 (🍎) auswählen.

6 Um die Strichzeichnungen umzusetzen, wählen Sie das *Zeichenstift-Werkzeug* ✒.:
- Klicken Sie auf die Zeichenfläche, um die Eckpunkte – sogenannte *Ankerpunkte* – der gewünschten Kontur zu erzeugen. Die Ankerpunkte werden durch gerade Linien verbunden.
- Klicken Sie am Schluss ggf. noch einmal auf den ersten Ankerpunkt, um eine Kontur zu schließen, oder beenden Sie einen offenen Pfad mit ESC.
- Um gekrümmte Linien (Kurven) zu zeichnen, klicken Sie auf die Zeichen-

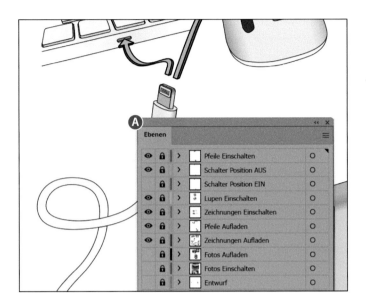

fläche und ziehen den gesetzten Ankerpunkt mit gedrückter Maustaste. Durch die Position des Cursors bestimmen Sie die Ausrichtung und Krümmung der Kurve.

- Wenn eine Linie auf einer Seite eines Ankerpunktes nicht gekrümmt sein soll, dann müssen Sie den Griff **B** auf den Ankerpunkt ziehen, damit eine gerade Linie **C** entsteht.
Hinweis: Es genügt, wenn Sie die gewünschte Kontur zunächst grob erstellen – jeden Ankerpunkt können Sie später beliebig verschieben oder löschen.

7 Erstellen Sie eine Lupe mit einer vergrößerten Ansicht des Schalters:
- Kopieren Sie die Objekte, die in einer Lupe vergrößert dargestellt werden

sollen, und gruppieren Sie diese. Wählen Sie für die Vergrößerung *Objekt > Transformieren > Skalieren…* . Setzen Sie das Häkchen bei *Konturen und Effekte skalieren* **C**.

- Zeichnen Sie einen Kreis **D** für die Lupe. Kopieren Sie diesen Kreis mit `STRG` `c` (⊞) bzw. `command` `c` (⌘) in die Zwischenablage.
- Wählen Sie den Kreis und die gruppierte Ansicht der Tastatur bzw. Maus gemeinsam aus.
- Wählen Sie per Rechtsklick *Schnittmaske erstellen* **E**. Über Doppelklick auf eine Schnittmaske können Sie diese nachträglich bearbeiten.
- Fügen Sie den Kreis mit `STRG` `v` (⊞) bzw. `command` `v` (⌘) nochmals ein, da die Kontur beim Erstellen der Schnittmaske „verschwunden" ist.

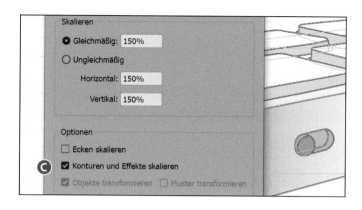

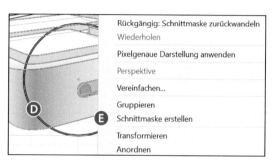

8 Klicken Sie auf das *Zeichenflächen-Werkzeug* [⬚] und dann in der oberen Menüzeile auf [⊞], um eine zweite A5-Seite ins Dokument einzufügen.

9 Fügen Sie die Textzeile „Tastatur und Maus aufladen" ein, indem Sie mit dem Textwerkzeug [T.] auf die Zeichenfläche klicken.

10 Setzen Sie nun Ihre Entwurfsskizze für die Beschreibung des Aufladens um.

11 Wenn Sie Objekte plastischer wirken lassen wollen, können Sie dies durch angepasste Verläufe erreichen:
- Füllen Sie ein Objekt über das Fenster *Verlauf* mit einem linearen Verlauf. Klicken Sie nun in der Werkzeugleiste auf das *Farbverlaufs-Werkzeug* [▦] .
- Sie können nun direkt am Objekt **F** den Verlauf anpassen. Sie können den Verlauf drehen und skalieren, sie kön-

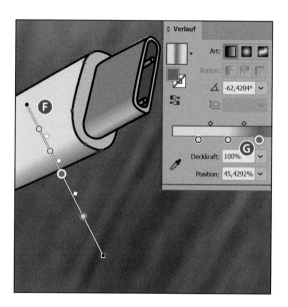

nen auch Farben hinzufügen oder entfernen. Über die Deckkraft **G** können Sie auch Verläufe „auslaufen" lassen.

12 Speichern Sie im Menü *Datei > Speichern unter* die Kurzanleitung im Format .ai und zusätzlich im Format .pdf (zur universelleren Verwendbarkeit) ab.

Diagramm

Briefing

Szenario

Die Bundeszentrale für politische Bildung plant die Herausgabe einer Broschüre zum Thema Energiepolitik. Für einen Artikel über den Energiemix in Deutschland liefert das Statistische Bundesamt (Destatis) folgende Daten zur Stromerzeugung[1]:

- Kohle   29 %
- Windkraft   24 %
- Erdgas   16 %
- Kernenergie   12 %
- Biogas   6 %
- Fotovoltaik   5 %
- Sonstige   8 %

Sie erhalten den Auftrag, die Daten in einem möglichst plakativen Diagramm darzustellen, ohne dass hierbei der Informationsgehalt der Daten verfälscht oder missverständlich dargestellt wird.

1   https://www.destatis.de/DE/Themen/Branchen-Unternehmen/Energie/Erzeugung/_inhalt.html (Zugriff: 10.08.2021)

SOFTWARE

- Excel (oder andere Tabellenkalkulation)
- Illustrator (oder anderes Grafikprogramm)

DATEN

www.bi-me.de/download

VORWISSEN

S. 47: Infografik als Bildstatistik

S. 58: Erstellen von Infografiken

S. 68: 2D-Vektorgrafik mit Illustrator

Zeichen und Grafik

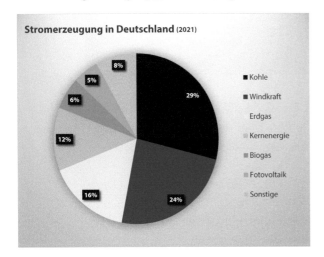

Excel-Diagramm

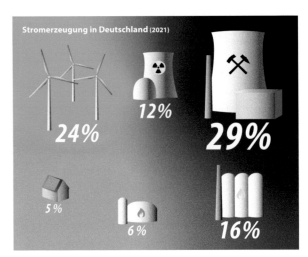

Illustrator-Diagramm

Technische Angaben

Diagramme

Im Unterschied zu Tabellen, in denen Daten ausschließlich in Textform vorliegen, stellen Diagramme Daten oder Informationen in grafischer Form dar. Ziel dieser Darstellung ist es, die Informationen besser (schneller) wahrnehmen und einordnen zu können.

In Abhängigkeit von der Art der Daten werden folgende drei Hauptformen von Diagrammen unterschieden:

- *Kreis- oder Tortendiagramme* kommen immer dann zum Einsatz, wenn die Aufteilung einer Gesamtmenge (von 100 %) veranschaulicht werden soll. Der Kreisausschnitt, z. B. ein Viertel- oder Drittelkreis, visualisiert den prozentualen Anteil der Gesamtmenge, z. B. 25 bzw. 33 %.

- *Balken- oder Säulendiagramme* werden verwendet, um Daten darzustellen, die in einem zeitlichen Zusammenhang stehen oder um eine Rangfolge wiederzugeben. Die Datenwerte werden in waagrechter Form durch Balken oder in senkrechter Form durch Säulen visualisiert.

- *Liniendiagramme* stellen Daten in einer zeitlicher Abfolge dar. Durch die Verbindung der einzelnen Datenwerte mit Hilfe einer Linie lassen sich Veränderungen (Zu- oder Abnahme) sehr gut erkennen.

Diagramme mit Excel

Eine Tabellenkalkulationssoftware wie Excel stellt einen umfassenden Diagrammassistenten bereit, mit dessen Hilfe Sie Diagramme in kurzer Zeit erstellen und beliebig formatieren können. Nach der Erstellung können Sie das Diagramm als PDF-Datei exportieren und danach in InDesign importieren oder in Illustrator weiterbearbeiten.

Diagramme mit Illustrator

Auch Illustrator bietet einen Diagrammassistenten an, der allerdings im Vergleich zu Excel wesentlich weniger Möglichkeiten bietet und daher nicht zu empfehlen ist. Die Stärke von Illustrator liegt jedoch in den grafischen Möglichkeiten der Software. Wie Sie auf der linken Seite sehen, können durch Illustrationen veranschaulichte Daten von dem Betrachter oder der Betrachterin schneller erfasst und verarbeitet werden. Dabei muss bei der Erstellung natürlich darauf geachtet werden, dass die Datenwerte nicht verfälscht dargestellt werden.

In diesem Projekt erstellen Sie die links dargestellten Diagramme mit Excel und mit Illustrator.

Planung

Excel

- Daten downloaden
- Diagramm erstellen
- Diagramm formatieren
- Diagramm als PDF exportieren

Illustrator

- Illustrationen erstellen
- Illustrationen platzieren und Größenverhältnisse anpassen
- Hintergrundverlauf gestalten

Produktion

Diagramme mit Excel erstellen

1 Laden Sie die Datei *Stromerzeugung_2021.xlsx* von www.bi-me.de/ download herunter.

2 Öffnen Sie die Datei in Excel durch Doppelklick auf die Datei. Da es sich bei den Daten um Verteilung der Stromerzeugung (100 %) auf die verschiedenen Energieträger handelt, bietet sich in diesem Fall die Verwendung eines Kreisdiagramms an. Alternativ können Sie auch ein Säulendiagramm erstellen.

3 Markieren Sie die gesamten Daten mit gedrückter Maustaste **A**.

4 Klicken Sie im Menü *Einfügen* auf das Icon zum *Kreisdiagramm* **B**. Klicken Sie bei *2D-Kreis* auf das linke Icon **C**. Excel erstellt nun automatisch das Kreisdiagramm und fügt dieses auf dem Tabellenblatt ein.

5 Schneiden Sie das markierte Diagramm mit ⌃STRG ⌃X (⊞) bzw. ⌘command ⌃X (⌘) aus.

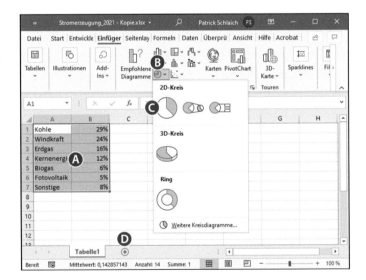

6 Klicken Sie auf das +-Symbol **D**, um ein neues Tabellenblatt zu erzeugen. Fügen Sie das Diagramm dort mit ⌃STRG ⌃C (⊞) bzw. ⌘command ⌃C (⌘) ein.

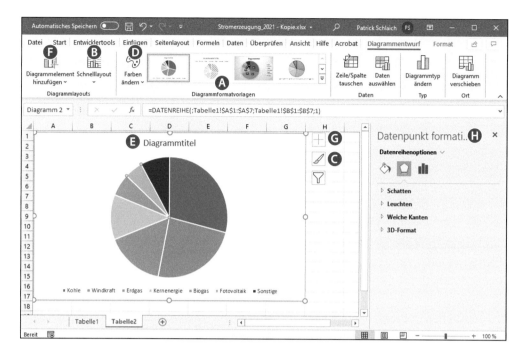

7 Um das Erscheinungsbild des Diagramms komplett zu verändern, haben Sie zwei Möglichkeiten:
- Wählen Sie die gewünschte *Diagramm-formatvorlage* aus **A**.
- Klicken Sie auf *Schnelllayout* **B** oder alternativ auf das *Pinsel-Icon* **C**.

8 Die Farben können Sie insgesamt oder individuell verändern:
- Wählen Sie unter Farben ändern **D** oder nach Anklicken des *Pinsel-Icons* **C** unter *Farbe* das gewünschte Farb-schema.
- Klicken Sie mit kurzer Unterbrechung (kein Doppelklick) zweimal auf das Kreissegment, dessen Farbe Sie ändern möchten. Wählen Sie im Menü *Format* > die gewünschte Farbe aus. Ent-scheiden Sie sich – wenn möglich – für Farben, die eine Assoziation zum Inhalt schaffen, z. B. Blau für Wasserkraft.

9 Klicken Sie mit kurzer Unterbrechung (kein Doppelklick) zweimal auf den *Dia-grammtitel* **E** und ändern Sie den Titel in „Stromerzeugung in Deutschland (2021)". Passen Sie die Schrift und Schriftgröße im Menü *Start* wie gewünscht an.

10 Unter *Diagrammelement hinzufügen* **F** oder durch Anklicken des *Plus-Icons* **G** können Sie weitere Elemente des Dia-gramms verändern, z. B. die Anordnung der Legende oder die Beschriftung der Daten.

11 Alternativ zu Punkt 10 ist ein Doppel-klick auf jedes einzelne Diagrammele-ment möglich: Im rechts erscheinenden Fenster **H** können Sie weitere zahlreiche Formatierungen Ihres Diagramms vor-nehmen.

12 Wählen Sie im Menü *Datei > Als Adobe PDF speichern*, um das Diagramm als PDF-Datei zu exportieren. Danach können Sie es z. B. in InDesign platzieren oder in Illus-trator zur weiteren Bearbeitung öffnen.

Diagramme mit Illustrator erstellen

Wie bereits auf Seite 79 erwähnt, beschreiben wir hier *nicht* die Verwendung des Diagrammassistenten in Illustrator – Excel kann dies besser –, sondern die manuelle Erstellung eines illustrierten Diagramms.

Illustrationen erstellen

1 Öffnen Sie in Illustrator eine neue DIN-A4-Seite.

2 Alle sechs Arten der Stromerzeugung sollen durch Illustrationen veranschaulicht werden[1]. Die Schwierigkeit hierbei besteht darin, dass Sie die Realität auf wenige grafische Elemente reduzieren müssen und das dargestellte Objekt dennoch möglichst eindeutig erkennbar sein soll:

- Schauen Sie sich Fotografien der realen Objekte an, z. B. von Kernkraftwerken.
- Entscheiden Sie sich für die markanten und typischen Elemente, z. B. das kugelförmige Reaktorgebäude und den großen Kühlturm.
- Stellen Sie die gewählten Elemente grafisch dar. Verwenden Sie das Foto als Vorlage. Nähere Informationen zur Vorgehensweise finden Sie in den Projekten *Vektorisieren* und *Piktogrammsystem*.
- Ergänzen Sie das Symbol für Radioaktivität zur Unterscheidung von anderen Kraftwerken.

3 Achten Sie bei Ihren Illustrationen auf eine durchgängige Formsprache, damit diese als Einheit wahrgenommen werden und nicht wie aus einer Clipart-Sammlung wirken. Die gemeinsamen Merkmale der Grafiken in unserem Beispiel sind:

- Verzicht auf Konturen,
- Verwendung leichter Farbverläufe, wobei die hellere Farbe links ist (das Licht also von links kommt),
- Verwendung überwiegend unbunter Farben, da die Farbwirkung durch den Hintergrund erfolgt,
- Verwendung (mit Ausnahme des Diagrammtitels) eines einheitlichen Schriftschnitts, hier: Myriad Pro, bold condensed italic, Weiß.

Von der Realität ...

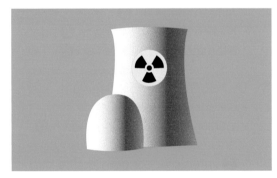

... zum reduzierten Abbild der Realität

---

1 Auf „Sonstige" verzichten wir bei dieser Darstellung, da nicht klar ist, welche Formen der Stromerzeugung hier zusammengefasst werden. Die Angabe wäre somit nicht aussagekräftig.

Diagramm erstellen

Beim Kreisdiagramm werden die prozentualen Anteile durch die entsprechende Größe der Kreissegmente visualisiert. Diese Idee sollte auch bei einem frei gestalteten Diagramm aufgegriffen werden.

1 Erstellen Sie mit dem *Rechteck-Werkzeug*  die Grundfläche Ihres Diagramms.

2 Platzieren Sie die Illustration des Objekts mit dem kleinsten Zahlenwert, also in diesem Fall *Fotovoltaik* mit 5 %. Das rote Quadrat als Hilfslinie symbolisiert damit eine Fläche von 5 %.

3 Platzieren Sie die weiteren Illustrationen. Passen Sie die Größe von Grafik und Schrift so an, dass die Flächen ungefähr mit dem prozentualen Wert übereinstimmen: Die Windkraft mit 24 % entspricht also in etwa 5 Quadraten, die Kohle mit 29 % entspricht 6 Quadraten usw. Hinweis: Um Grafik und Schrift gemeinsam skalieren zu können, sollten sie zunächst im Menü *Objekt > Gruppieren* zu einer Gruppe zusammengefasst werden.

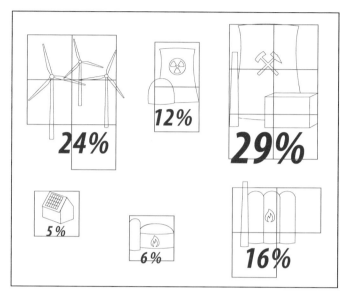

Die Fläche der Objekte sollte in etwa mit den Zahlenwerten übereinstimmen.

4 Ergänzen Sie abschließend den Verlauf im Hintergrund des Diagramms:
- Markieren Sie das in Schritt 1 erstellte Rechteck und wählen Sie das *Verlaufs-Werkzeug* .
- Wählen Sie im Menü *Fenster > Verlauf* die Option *Freihandverlauf* Ⓐ.
- Geben Sie den Punkten Ⓑ nach Doppelklick darauf die gewünschte Farbe und verschieben Sie sie an die gewünschte Position.
- Weitere Punkte Ⓒ können Sie ergänzen, indem Sie auf eine freie Stelle des Hintergrunds klicken. Nicht benötigte Punkte können Sie mit der [entf]-Taste löschen.

Logo

Briefing

Szenario

Die Zahnarztpraxis Dr. Peter König möchte professioneller auftreten und hat Sie daher beauftragt, als ersten Schritt eine Wort-Bild-Marke für die Praxis zu entwickeln.

Das Logo muss so gestaltet werden, dass es universell einsetzbar ist, also z. B. auch für Fahrzeugbeschriftungen, Beschilderung, Stempel usw. eingesetzt werden kann.

Zur Präsentation wird eine Übersicht gestaltet, auf der das Logo mit der verwendeten Schrift und den verwendeten Farben dargestellt ist, aber auch beispielhaft der Einsatz als Stempel, auf einem Türschild und auf einem farbigen Kugelschreiber.

SOFTWARE

- Illustrator (oder anderes Grafikprogramm)

DATEN

www.bi-me.de/download

VORWISSEN

S. 27: Logotypen
S. 30: Logoverwendung
S. 33: Gestaltung von Logos und Signets
S. 36: Logo-Relaunch
S. 38: Kreativitätstechniken

Zeichen und Grafik

Logo mit Schutzzone auf Weiß:

Logoschrift(en):

Frutiger 67 Bold Condensed
Frutiger 45 Light

Logo auf dem Schild am Eingang:

Logo auf einem farbigen Kugelschreiber:

Logo im Stempel:

Logofarben:

	C: 0 %		C: 0 %
	M: 35 %		M: 0 %
	Y: 85 %		Y: 0 %
	K: 0 %		K: 100 %

© Der/die Autor(en), exklusiv lizenziert durch
Springer Fachmedien Wiesbaden GmbH, ein Teil von Springer Nature 2022
P. Bühler et al., *Bild- und Grafikprojekte*, Bibliothek der Mediengestaltung,
https://doi.org/10.1007/978-3-658-36851-7_14

Technische Angaben

Wort-Bild-Marke

Eine Wort-Bild-Marke ist eine Kombination von Bild- und Schriftzeichen, also ein „kombiniertes Zeichen". Hierbei kann das grafische Element bzw. die grafische Ausgestaltung des Bildes im Vordergrund stehen. Bei der Mehrzahl der Logos wird das figürliche Bildelement bzw. die grafische Ausgestaltung des Zeichens dominieren.

Bei bekannten Marken reicht die Abbildung des Bildzeichens für die Markenzuordnung aus. Ein Bildzeichen steht für „etwas". Beim Pampers-Logo steht das Herz vermutlich dafür, dass man mit dem Kauf der Produkte seinem Nachwuchs etwas Gutes tut. Beim Logo von Adobe handelt es sich streng genommen nicht um eine Wort-Bild-Marke, da es lediglich aus einem gestalteten „A" und dem Schriftzug „Adobe" besteht.

Logoverwendung

Gestalter/-innen müssen sich darüber klar werden, wo Logos eingesetzt werden können. Hier muss man die ganze Bandbreite der Logoverwendung betrachten, auch wenn ein Kunde diese Breite eventuell selbst noch nicht im Auge hat.

Diese Grundüberlegung ist unbedingt anzustellen, wenn ein Logo neu entwickelt wird. Es ist wichtig, dass ein Logo von vornherein einen denkbar breiten Verwendungsbereich erhält. Es darf bei der Logogestaltung nicht passieren, dass ein Logo unbrauchbar wird, nur weil es für bestimmte Werbeaktionen nicht verwendbar ist. Ein Logo muss für möglichst viele Medientypen nutzbar sein. Beispiele sind: Briefbogen, Visitenkarten, Firmenstempel, Aufkleber, Fahnen, Regenschirme, Kugelschreiber, Werbefilme, Websites, Arbeitskleidung, Firmenfahrzeuge, Firmenschilder und Werbeanzeigen.

Dabei ist es nicht erforderlich, dass Logos eines Unternehmens farblich gleich er-

scheinen. Wichtig ist, dass die Form und die Bildsymbolik immer einheitlich sind. Dazu müssen oftmals von einem Logo verschiedene Varianten gestaltet werden, die für die Nutzung in den verschiedenen Medien aufbereitet sind.

Kreativitätstechniken

Die Gestaltung eines Logos erfordert Kreativität, also die Fähigkeit, neue Gestaltungsmöglichkeiten zu entdecken und die passenden Ideen dann praxistauglich umzusetzen.

Kreativitätstechniken können „Kreativität auf Knopfdruck" ermöglichen, sind aber natürlich keine Garantie für gute Ideen. Die Techniken lassen uns chaotisch denken und von gewohnten Pfaden abweichen. Besonders gut eignet sich die „morphologische Matrix" für die Logogestaltung, aber auch mit dem „Mindmapping" kann man gerade in der Konzeptionsphase gut ins Thema hineinfinden.

Planung

Download und Speichern

- Datei zur Logopräsentation downloaden und abspeichern

Konzeption

- Mindmap erstellen

Entwürfe anfertigen

- Ideen scribbeln
- Morphologische Matrix erstellen
- Entwurf auswählen
- Entwurf ausarbeiten

Entwurf im Markenregister prüfen

- Markenrechtsverletzung prüfen

Entwurf in Illustrator umsetzen

- Wort- und Bildzeichen umsetzen

Logo reinzeichnen

- Schrift umwandeln
- Grafische Elemente bereinigen
- Datei exportieren

Logopräsentation erstellen

- Vorlage anpassen
- Datei speichern

Produktion

Vorlage downloaden und speichern

1 Downloaden Sie die Datei „Logo-Praesentation.ai" unter www.bi-me.de/download.

2 Legen Sie einen neuen Ordner, z. B. mit dem Namen „Logogestaltung", an. Speichern Sie die Datei darin ab.

Konzeption

1 Nehmen Sie sich ein weißes Papier oder öffnen Sie auf dem Tablet ein neues Dokument mit einer weißen Seite.

2 Erstellen Sie eine Mindmap, schreiben Sie

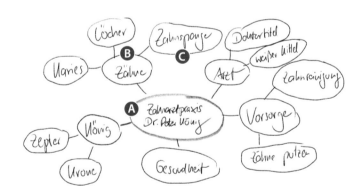

dazu das Thema „Zahnarztpraxis Dr. Peter König" **A** in die Mitte des Blattes.

3 Notieren Sie Schlüsselwörter **B**, die Ihnen zum Thema einfallen, als Hauptäste und verbinden Sie diese mit dem Thema.

4 Untergliedern Sie ggf. die Hauptäste in Zweige **C** und verbinden Sie diese mit dem jeweiligen Hauptast.

Entwürfe anfertigen

1 Nehmen Sie sich ein weißes Papier oder öffnen Sie auf dem Tablet ein neues Dokument mit einer weißen Seite.

2 Scribbeln Sie passend zum Thema, was Ihnen gerade einfällt **D**. Denken Sie nicht groß nach, scribbeln Sie auch Ideen, die Ihnen zunächst eher abwegig erscheinen.

3 Probieren Sie aus, welche Anordnungen und Schreibweisen sich für das Textelement im Logo eignen **E**.

4 Nehmen Sie sich ein weiteres weißes Papier oder erstellen Sie auf dem Tablet eine weitere weiße Seite.

5 Skizzieren Sie für die morphologische Matrix eine Tabelle mit den Merkmalen **F** aus der Mindmap, ergänzen Sie ggf. weitere Merkmale, die Ihnen beim Scribbeln eingefallen sind.

6 Übertragen Sie die besten Ideen/Visualisierungen **G** aus den Scribbles in die morphologische Matrix und ergänzen Sie die Matrix ggf. mit weiteren Ideen.

7 Nehmen Sie sich ein weiteres weißes Papier oder erstellen Sie auf dem Tablet eine weitere weiße Seite.

8 Kombinieren Sie Ideen/Visualisierungen aus der morphologischen Matrix zu möglichen Wort-Bild-Marken. Bedenken Sie dabei, dass ein Logo detailarm und einfach gestaltet werden muss. Setzen Sie nun bei Bedarf auch Farben ein.

9 Zeigen Sie Ihre Entwürfe für die Wort-Bild-Marke anderen Personen und fragen Sie nach deren Meinung. Fragen Sie wenn möglich eine heterogene Gruppe von Menschen.

10 Nehmen Sie sich ein weiteres weißes Papier oder erstellen Sie auf dem Tablet eine weitere weiße Seite.

11 Entscheiden Sie sich für eine Idee. Arbeiten Sie an diesem Entwurf weiter, bis Sie zufrieden sind.

Entwurf im Markenregister prüfen

Die Abfrage im Markenregister eignet sich nicht nur zur Überprüfung, sondern auch zur Inspiration. Die eingetragenen Marken dürfen jedoch nicht nachgebaut werden.

1 Rufen Sie im Browser die Website des DPMA (Deutsches Patent- und Markenamt) auf: www.dpma.de.

2 Wählen Sie DPMAregister und dann *Marken > Basis*, um die Abfrage nach eingetragenen Marken durchzuführen.

3 Recherchieren Sie im Eingabefeld *Marke* **A** z. B. nach den Begriffen *König* und *Zahnarzt*.

4 In unserem Fall sind zwar Eintragungen mit Ähnlichkeiten beim Namen bzw. Bildzeichen (**B**/**C**) vorhanden, jedoch keine Eintragung, die gegen eine Umsetzung des Logos spricht. Ausschlaggebend beim Markenrecht ist, wie groß die Verwechslungsgefahr mit bestehenden Markeneintragungen ist.

Entwurf in Illustrator umsetzen

1 Öffnen Sie in Illustrator eine neue Datei im Format 100 x 100 mm.

2 Fügen Sie die Textzeile „Dr. Peter König" ein, indem Sie mit dem Textwerkzeug **T** auf die Zeichenfläche klicken. Wählen Sie danach das *Auswahl-Werkzeug* ▶ und dann erneut das *Textwerkzeug* **T**, um den Text „Zahnarztpraxis" einzufügen.

3 Probieren Sie die Normal- und Versalschreibweise aus, testen Sie verschiedene Schriften. Nutzen Sie ggf. unterschiedliche Schriftschnitte für die beiden Textzeilen.

4 Erhöhen Sie ggf. die Laufweite **Ⓐ**, um wie hier die Lesbarkeit des Versaltextes zu erhöhen.

DR. PETER KÖNIG
ZAHNARZTPRAXIS

Dr. Peter König
Zahnarztpraxis

DR. PETER KÖNIG
ZAHNARZTPRAXIS

Dr. Peter König
Zahnarztpraxis

5 Gleichen Sie bei Bedarf auch Abstände zwischen Buchstaben aus, wenn dies, wie hier beim „K", notwendig ist. Wählen Sie dazu den Buchstaben aus, nach dem der Abstand korrigiert werden muss, und verändern Sie die Laufweite **Ⓑ** entsprechend.

6 Um das Bildzeichen umzusetzen, wählen Sie das *Zeichenstift-Werkzeug* ✏ :

- Klicken Sie auf die Zeichenfläche, um die Eckpunkte – sogenannte *Ankerpunkte* – der gewünschten Kontur zu erzeugen. Die Ankerpunkte werden durch gerade Linien verbunden.
- Klicken Sie am Schluss noch einmal auf den ersten Ankerpunkt, um eine Kontur zu schließen.
- Um gekrümmte Linien (Kurven) zu zeichnen, klicken Sie auf die Zeichenfläche und ziehen den gesetzten Ankerpunkt mit gedrückter Maustaste. Durch die Position des Cursors bestimmen Sie die Ausrichtung und Krümmung der Kurve.

Hinweis: Es genügt, wenn Sie die gewünschte Kontur zunächst grob erstellen – jeden Ankerpunkt können Sie später beliebig verschieben oder löschen.

7 Passen Sie die Formensprache der einzelnen Bildelemente an die Schriftart an, indem Sie z. B. Ecken **Ⓒ** mit dem *Direktauswahl-Werkzeug* ▷ abrunden. Ziehen Sie dazu an dem kleinen blauen umrandeten Punkt **Ⓓ**.

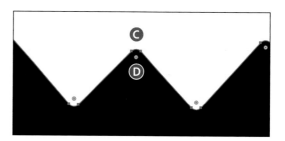

8 Fügen Sie bei Bedarf grafische Elemente über das Fenster *Pathfinder* mit dem *Ver-einen-Werkzeug* **E** zusammen.

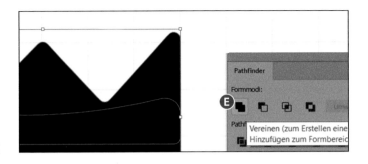

9 Unterbrechen Sie Farbflächen **F**, die direkt aneinandergrenzen, indem Sie z. B. eine weiße Außenkontur einfügen. Die Ausrichtung der Kontur müssen Sie dabei auf *Kontur außen ausrichten* **G** stellen.

10 Vereintlichen Sie Strichstärken, soweit möglich. In diesem Fall kann die Kontur-linie des Zahnes an die Dicke der Buch-staben des Schriftzuges „Zahnarztpraxis" angeglichen werden. Als Hilfsmittel wurde hier eine Linie gezogen **H**, um die richtige Konturstärke zu ermitteln, die dann für den Zahn **I** eingestellt wurde.

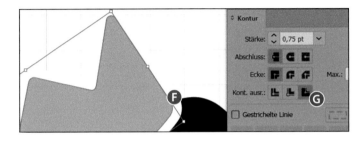

11 Sorgen Sie für harmonische Abstände und achten Sie auf gemeinsame Linien. In diesem Fall beginnen die beiden Textzeilen linksbündig **J**. Der untere Schriftzug endet bündig mit dem „n" von „König" **K**. Würde man die untere Zeile weiter vergößern, dann würde sie optisch mit der oberen Zeile konkurrieren, daher ist es hier nicht möglich, beide Zeilen auf die gleiche Breite zu ziehen.

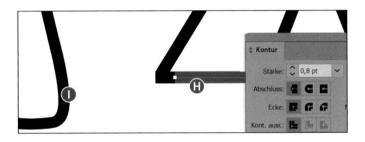

12 Um Abstände zu vereinheitlichen, können Sie Hilfslinien **L** einzeichnen und ein Hilfsquadrat **M** aufziehen, das sie dann kopieren und als Abstandsmaß einsetzen. Dadurch, dass wie hier die Abstände das Ein- bzw. Mehrfache des Quadrates betragen, wirkt das Logo besonders stimmig.

13 Beim abgebildeten Logo wirkt das Bildelement, in Relation zur Wortmarke, noch zu „leicht". Nutzen Sie das *Breitenwerkzeug* , um eine Kontur an manchen Stellen eines Objektes dicker bzw. dünner zu ziehen **N**.

Logo reinzeichnen

1   Markieren Sie alle Textelemente und wählen Sie im Menü *Schrift > In Pfade umwandeln* ⇧ STRG O (⊞) bzw. ⇧ command O (). Dann kann es keine Probleme mit nicht vorhandenen Schriftarten geben.

2   Für eine universelle Verwendbarkeit dürfen im Bildzeichen keine Konturen vorhanden sein und keine überlappenden Flächen existieren. Wählen Sie zur Kontrolle statt *Vorschau* **A** die *Pfadansicht* **B** unter *Ansicht > Pfadansicht* STRG Y (⊞) bzw. command Y ().

3   Nutzen Sie den Befehl *Objekt > Pfad > Konturlinie*, um alle Konturen zu Flächen zu konvertieren.

4   Ziehen Sie Flächen voneinander ab, um überlappende Flächen zu vermeiden. Hier muss die Kontur der Krone **C** vom

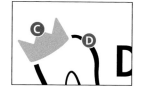

Zahn **D** über den *Pathfinder* abgezogen werden. Damit Sie nur die Kontur abziehen können, müssen Sie beim Objekt per Rechtsklick den Befehl *Gruppierung aufheben* und danach den Befehl *Zusammengesetzten Pfad zurückwandeln* auswählen. Am Ende sollten die Pfade z. B. wie in der Abbildung **E** aussehen.

5   Speichern Sie im Menü *Datei > Speichern unter* das Logo im Format .ai oder .eps ab.

Logopräsentation erstellen

1   Öffnen Sie die Datei „Logo-Praesentation. ai" und platzieren Sie Ihr Logo **F**. Lassen Sie um das Logo herum genug Platz (Schutzzone), damit das Logo wirken kann.

2   Geben Sie an, welche Schrift(en) mit welchen Schriftschnitt(en) **G** Sie genutzt haben und welche Farbe(n) **H** mit den CMYK-Werten.

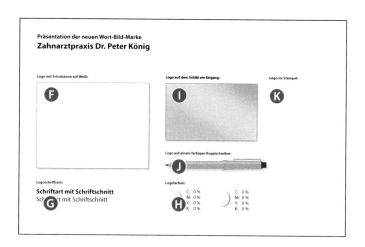

3   Gestalten Sie die Einsatzbeispiele:
    • Praxisschild **I**: Sie können hierzu für die Elemente die Farbe *BIME-Schild* im Fenster *Farbe* nutzen sowie eine Kontur in Schwarz mit der Stärke *0,25 pt*.
    • Kugelschreiber **J**: Färben Sie hierzu

das Logo einfarbig, z. B. in Weiß.
    • Stempel **K**: Gestalten Sie den Stempel einfarbig in Schwarz.

4   Speichern Sie im Menü *Datei > Speichern unter* die Logopräsentation ab.

Piktogrammsystem

Briefing

Szenario

Um Besucherinnen und Besucher mit geringen oder ohne Deutschkenntnisse beim Auffinden eines gesuchten Amtes zu unterstützen, soll für das Landratsamt Ihres Landkreises ein Piktogrammsystem entwickelt werden. Für folgende Ämter liegen bereits Piktogramme vor:

- Amt für Landwirtschaft
- Amt für Waldwirtschaft
- Amt für Wasserwirtschaft

Ihre Aufgabe ist die Erweiterung des Piktogrammsystems um Piktogramme für folgende Ämter:

- Amt für Schule
- Amt für Gesundheit
- Amt für Umweltschutz

 SOFTWARE

- Illustrator (oder anderes Grafikprogramm)

 DATEN

www.bi-me.de/download

 VORWISSEN

S. 3:	Zeichenkategorien
S. 4:	Zeichenarten
S. 6:	Grundlagen der Piktografie
S. 11:	Piktogramme heute
S. 13:	Internationale Piktogramme
S. 68:	2D-Vektorgrafik mit Illustrator

Zeichen und Grafik

Amt für Landwirtschaft

Amt für Waldwirtschaft

Amt für Wasserwirtschaft

Technische Angaben

Piktogramm(systeme)

Piktogramme sind einfache, auf das Wesentliche reduzierte Zeichen. Sie müssen leicht erkennbar, einprägsam und ohne Erklärung verständlich sein. Bei Piktogrammen wird üblicherweise auf Schrift verzichtet, damit sie auch von Menschen verstanden werden, die entweder nicht lesen können oder die Sprache nicht sprechen.

Leit- oder Informationssysteme, wie beispielsweise an Flughäfen, oder die Verkehrszeichen im Straßenverkehr bestehen aus mehreren Piktogrammen, die zu einem Piktogrammsystem zusammengefasst werden. Alle Piktogramme dieser Systeme besitzen einheitliche Gestaltungsmerkmale (Grundform, Konturstärke, Farben usw.) und werden damit als Einheit wahrgenommen.

Während die Bedeutung bei *symbolischen* Piktogrammen vom Betrachter erlernt werden muss, handelt es sich bei *ikonischen* Piktogrammen um stark vereinfachte reale Objekte. In dieser Übung erstellen Sie ikonische Piktogramme.

Piktogrammsystem für das Landratsamt

Das Piktogrammsystem weist folgende Merkmale auf:

- *Raster:* Zur Erstellung der Piktogramme wird ein 1-mm-Raster verwendet – kleinere Abstände sind nicht zulässig.
- *Grundform*: Die Grundform der Piktogramme ist eine Kreisfläche mit einem Durchmesser von 86 mm. Auf dem Kreis befindet sich eine ebenfalls kreisförmige weiße Linie mit einer Konturstärke von 4 pt und einem Durchmesser von 79 mm.
- *Farben*: Die Piktogramme verwenden neben weißen Konturen lediglich eine Farbe. Die Farbtöne sollen sich klar voneinander unterscheiden und in Sättigung und Helligkeit aufeinander abgestimmt sein.
- *Ikon*: Die ikonische Darstellung im Mittelpunkt besteht aus einer weißen Kontur mit einer Stärke von 4 pt. Die Ecken werden mit einem Radius von maximal 1,5 mm abgerundet.
- *Dateiformat*: Die Piktogramme werden als Vektorgrafik erstellt. Für den Druck (Beschilderung des Gebäudes) werden sie als EPS- oder AI-Datei gespeichert, für die Verwendung in digitalen Medien (Homepage, App) müssen sie als SVG-Dateien exportiert werden.

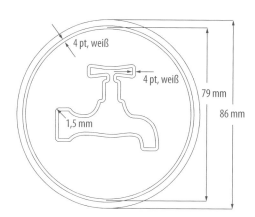

Gestaltungsmerkmale des Piktogrammsytems

Planung

Entwurf

- Ideen scribbeln
- Entwurf auswählen
- Entwurf ausarbeiten

Piktogramm

- Zeichenfläche vorbereiten
- Grundform erstellen
- Farbe wählen
- Ikon entwerfen
- Ikon optimieren

Export

- Datei für Druck exportieren
- Datei für Digitalmedien exportieren

Weitere Piktogramme

- Entwürfe erstellen
- Piktogramme in Illustrator erstellen
- Dateien exportieren

Produktion

Entwürfe anfertigen

1   Nehmen Sie sich ein weißes Papier oder öffnen Sie eine weiße Seite auf dem Tablet.

2   Beginnen Sie mit dem Piktogramm für das *Amt für Schule*: Scribbeln oder notieren Sie alles, was Ihnen spontan zum Thema Schule einfällt.

3   Zeigen Sie Ihre Entwürfe anderen Personen und fragen Sie nach der Bedeutung. Ziel muss es sein, ein Ikon zu finden, das möglichst eindeutig mit dem Begriff Schule in Verbindung gebracht wird.

4   Nachdem Sie sich für eine Idee entschieden haben, arbeiten Sie an diesem Entwurf weiter, um eine möglichst stark reduzierte und dennoch gut erkennbare Darstellung zu erhalten.

Assoziationen zum Thema „Schule"

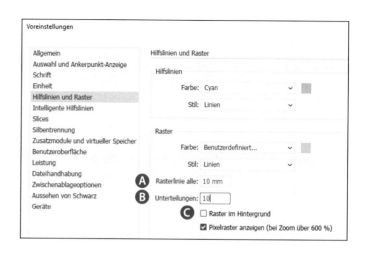

Zeichenfläche vorbereiten

1 Öffnen Sie in Illustrator eine neue Datei im Format DIN A4. (Alternativ könnten Sie die bereits vorhandenen Piktogramme downloaden und verändern.)

2 Wählen Sie im Menü *Bearbeiten > Voreinstellungen > Hilfslinien und Raster...*

3 Geben Sie bei *Rasterlinien alle:* 10 mm **A** und bei *Unterteilungen:* 10 **B** ein. Entfernen Sie das Häkchen bei *Raster im Hintergrund* **C**.

4 Falls das Raster nicht sichtbar ist, blenden Sie es im Menü *Ansicht > Raster einblenden* ein. Aktivieren Sie ebenfalls im Menü *Ansicht* die Option *Am Raster ausrichten.*

Grundform erstellen

1 Wählen Sie das *Ellipsen-Werkzeug* und klicken Sie auf die Zeichenfläche. Geben Sie bei *Breite* und *Höhe* 86 mm ein **D**.

2 Wählen Sie Menü *Fenster > Eigenschaften*:
   • Klicken Sie auf das Farbfeld bei *Fläche* **E** und geben Sie die gewünschte Farbe ein, im Beispiel 15|100|90|10 bei CMYK.
   • Klicken Sie auf das Farbfeld bei *Kontur* **F** und wählen Sie [ohne].

3 Erstellen Sie mit dem *Ellipsen-Werkzeug* einen zweiten Kreis mit einem Durchmesser von 79 mm. Geben Sie ihm eine weiße Kontur mit einer Stärke von 4 pt.

4 Markieren Sie mit dem *Auswahl-Werkzeug* beide Kreise. Klicken Sie auf vertikal und horizontal zentrieren **G**, um die Kreise übereinander auszurichten.

Ikon erstellen

1 Klicken Sie im Menü *Fenster > Ebenen* auf das +-Symbol 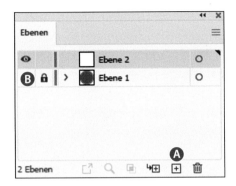, um eine neue Ebene zu erstellen.

2 Sperren Sie die Ebene mit der Grundform **B**, damit Sie auf dieser Form arbeiten können, ohne sie versehentlich zu markieren oder zu verschieben.

3 Wählen Sie das *Zeichenstift-Werkzeug* :
- Geben Sie dem Zeichenstift im Menü *Fenster > Eigenschaften* unter *Aussehen* als Flächenfarbe [ohne] **C** und als Kontur Weiß **D** in einer Stärke von 4 pt.
- Klicken Sie auf die Zeichenfläche, um die Eckpunkte – sogenannte *Ankerpunkte* – der gewünschten Kontur zu erzeugen. Die Ankerpunkte werden durch gerade Linien verbunden.
- Klicken Sie am Schluss noch einmal auf den ersten Ankerpunkt, um eine Kontur zu schließen.
- Um gekrümmte Linien (Kurven) zu zeichnen, klicken Sie auf die Zeichenfläche und ziehen den gesetzten Ankerpunkt mit gedrückter Maustaste. Durch die Position des Cursors bestimmen Sie die Ausrichtung und Krümmung der Kurve.

Hinweis: Es genügt, wenn Sie die gewünschte Kontur zunächst grob erstellen – jeden Ankerpunkt können Sie später beliebig verschieben oder löschen.

4 Wählen Sie das *Direktauswahl-Werkzeug* , um die Ankerpunkte nachzubearbeiten:
- Klicken Sie auf einen Ankerpunkt, um ihn auszuwählen. Markierte Ankerpunkte werden durch ein ausgefülltes Quadrat dargestellt **E**, nicht markierte durch ein leeres Quadrat.
- Den ausgewählten Ankerpunkt können Sie nun mit den Pfeiltasten oder mit der Maus verschieben. Mit der [entf]-Taste löschen Sie Ankerpunkte.
- Um eine Ecke in eine Kurve umzuwandeln oder umgekehrt, wählen Sie im Menü *Fenster > Eigenschaften > Konvertieren*.

5 Nutzen Sie die entsprechenden Werkzeuge *(Ellipsen-Werkzeug, Rechteck-Werkzeug)*, um geometrische

Formen wie den Kreis für den Kopf oder das Rechteck
für die Tafel zu erstellen.

6 Um das Ikon an die runde Grundform anzupassen,
sollen im letzten Schritt sämtliche Ecken abgerundet
werden:

- Wählen Sie das *Auswahl-Werkzeug* ▶ und markieren Sie das abzurundende Objekt, z. B. den Ober-
körper.
- Klicken Sie auf das *Direktauswahl-Werkzeug* ▷ –
es müssten nun alle Ankerpunkte ausgewählt sein
(ausgefüllte Quadrate).
- Ziehen Sie nun an einem der Anfasser Ⓐ für die
Eckenradien (kleine Kreise) und wählen Sie den
gewünschten Radius. In dieser Piktogrammserie
sollen die Radien maximal 1,5 mm betragen.
- Wiederholen Sie den Vorgang nacheinander für
die anderen Objekte (Beine, Tafel) Ihres Ikons.

Piktogramm exportieren

1 Wählen Sie im Menü *Objekt > Zeichenflächen > An
Bildmaterialbegrenzungen anpassen.*

2 Um die Datei für den Druck nutzen zu können, speichern Sie diese im Menü *Datei > Speichern unter* im
Dateiformat .ai oder .eps ab.

3 Um die Datei in digitalen Medien nutzen zu können,
speichern Sie diese im Menü *Datei > Speichern unter*
im Dateiformat .svg ab.

Weitere Piktogramme erstellen

1 Entwerfen Sie zwei weitere Piktogramme:
- Amt für Gesundheit
- Amt für Umweltschutz

2 Setzen Sie Ihre Entwürfe wie oben beschrieben in
Illustrator um.

Vektorisieren

Briefing

Szenario

Für ein neues Kinderbuch sollen Objekte des tägli-
chen Lebens grafisch dargestellt werden. Als Vorlage
dienen Fotografien.

Ihre Aufgabe ist die Umwandlung der Fotografien in (Vektor-)Grafiken – man spricht hierbei von
Vektorisieren. Damit die Grafiken im gesamten Buch
ein einheitliches Aussehen haben, ist auf eine durchgängige Verwendung der Gestaltungselemente
(Linien, Farben, Farbverläufe usw.) zu achten.

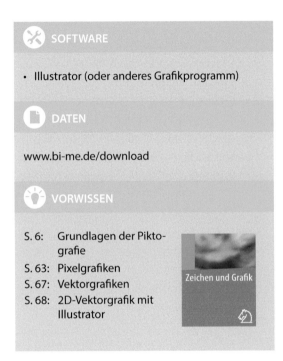

SOFTWARE

- Illustrator (oder anderes Grafikprogramm)

DATEN

www.bi-me.de/download

VORWISSEN

S. 6: Grundlagen der Pikto-
grafie
S. 63: Pixelgrafiken
S. 67: Vektorgrafiken
S. 68: 2D-Vektorgrafik mit
Illustrator

Zeichen und Grafik

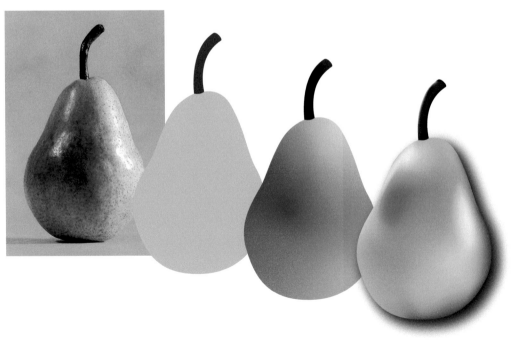

Technische Angaben

Vektorisieren

Unter Vektorisieren versteht man die Umwandlung einer Pixel- oder Rastergrafik, typischerweise ein Foto, in eine Vektorgrafik. Während die Farbwerte bei einer Pixelgrafik für jedes Pixel gespeichert werden, werden die Daten einer Vektorgrafik mathematisch mit Hilfe von sogenannten Vektoren beschrieben.

Am Beispiel der Billardkugel soll dies verdeutlicht werden: Beim Foto (oben) werden die Farbwerte jedes einzelnen Pixels gespeichert. Bei den Grafiken wird lediglich die mathematische (vektorielle) Beschreibung, in diesem Fall die beiden Kreise sowie die Schrift und die Farbverläufe, gespeichert. Ein Kreis definiert sich beispielsweise durch seinen Radius, durch die Position des Mittelpunktes und durch seine Farbe(n). Beim Öffnen der Grafikdatei werden diese Informationen in Pixel umgerechnet und auf dem Display dargestellt. Hierdurch ergibt sich der Vorteil, dass Grafiken in beliebiger Größe verwendet werden können, während die darstellbare Größe von Fotos von deren Pixelmaß abhängig ist.

Fotorealistische versus grafische Darstellungen

Mit Illustrator (oder vergleichbaren Grafikprogrammen) können Sie Grafiken erstellen, die fotorealistisch sind, sich also von einem Foto kaum unterscheiden. Der Aufwand hierfür ist allerdings beträchtlich! Alternativ können Sie Grafiken bewusst so gestalten, dass sie sich von Fotografien unterscheiden und hierdurch ihren eigenen Charme und Charakter erhalten.

Rechts sehen Sie, wie die Grafik von oben nach unten immer stärker reduziert wurde – dennoch bleibt die Billardkugel immer klar erkennbar. Überlegen Sie sich für diesen Workshop, welchen Charakter Sie den von Ihnen bearbeiteten Bildern geben wollen. Wenn Sie mehrere Grafiken erstellen, sollen Sie darauf achten, dass Sie Ihrem Stil treu bleiben.

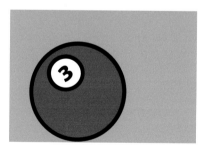

Vektorisieren mit Illustrator

In diesem Workshop werden Sie zwei Techniken kennenlernen, um Fotografien in Vektorgrafiken zu überführen:
- Manuell mit Hilfe der Zeichenwerkzeuge, v.a. mit dem *Zeichenstift* und mit den *Form-Werkzeugen*.
- Automatisch mit Hilfe des *Bildnachzeichners*

Tipp: Fangen Sie mit einfachen Gegenständen an, bevor Sie sich an komplexe Objekte wie Menschen oder Tiere wagen.

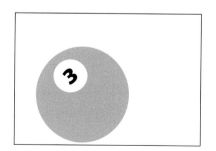

Planung

Vorbereitung

- Bilder downloaden
- Zeichenfläche anlegen

Automatisiert vektorisieren

- Bildnachzeichner verwenden
- Mit „Interaktiv malen" kolorieren

Manuell vektorisieren

- Zeichenstift verwenden
- Geometrische Formen verwenden
- Mit Farbverläufen kolorieren

Produktion

Zeichenfläche vorbereiten

1 Downloaden Sie die benötigten Bilder unter www.bi-me.de/download oder suchen Sie nach einem Motiv in kostenfreien Bildarchiven wie pexels.com oder pixabay.de.

2 Öffnen Sie in Illustrator eine neue Datei im Format DIN A4[1].

3 Platzieren Sie das Foto *birne.jpg* (oder Ihr eigenes Motiv) im Menü *Datei > Platzieren*…

4 Passen Sie die Größe des Bildes durch Ziehen an einer Ecke mit gedrückter ⇧-Taste so an, dass es auf die Zeichenfläche passt.

5 Sperren Sie die Ebene **A**, damit Sie darauf arbeiten können, ohne das Foto versehentlich zu markieren oder zu verschieben.

6 Klicken Sie im Menü *Fenster > Ebenen* auf das +-Symbol **B**, um eine neue Ebene zu erstellen.

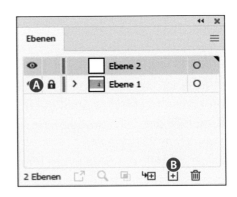

---

1   Da Vektorgrafiken skalierbar sind, spielt das Format im Prinzip keine Rolle. Zur Beurteilung der Größenverhältnisse eignet sich jedoch das bekannte DIN-A4-Format.

7 Prüfen Sie im Menü *Ansicht,* ob die Option *Am Raster ausrichten* aktiviert ist. Falls ja, deaktivieren Sie diese Funktion, da das Raster beim Arbeiten mit dem Zeichenstift stören würde.

Vektorisieren mit dem Zeichenstift

Der *Zeichenstift* ✐. ist ein mächtiges Werkzeug, mit dem Sie jede beliebige Kurve zeichnen können. Um die sogenannten Ankerpunkte eines Pfades zu setzen, haben Sie folgende Möglichkeiten:

- Um gerade Linien **A** zu zeichnen, klicken Sie einfach die gewünschten Eckpunkte an.
- Um Kurven **B** zu zeichnen, klicken und ziehen Sie den Cursor mit gedrückter Maustaste.
- Um an eine Kurve eine gerade Linie (oder umgekehrt) anzusetzen **C**, klicken Sie den letzten Ankerpunkt ein zweites Mal an.
- Um einen Pfad zu schließen **D**, klicken Sie den zuerst gesetzten Ankerpunkt erneut an.

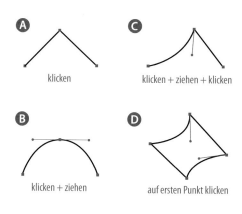

A klicken **C** klicken + ziehen + klicken

B klicken + ziehen **D** auf ersten Punkt klicken

1 Wählen Sie das *Zeichenstift-Werkzeug* ✐. und deaktivieren Sie am oberen Bildrand die Farben für Fläche **E** und Kontur **F**.

2 Zeichnen Sie die Kontur des Motivs nach. Versuchen Sie dabei, mit möglichst wenig Ankerpunkten auszukommen. Je mehr Ankerpunkte Sie verwenden, umso schwieriger ist es, eine glatte Kontur hinzubekommen. Es macht nichts, wenn die Kontur zunächst nur grob passt. Sie können sie im nächsten Schritt optimieren.

3 Um Ankerpunkte zu ergänzen oder zu löschen, gehen Sie folgendermaßen vor:
- Klicken Sie mit dem *Zeichenstift-Werkzeug* ✐. auf die Stelle des Pfades, an dem ein neuer Ankerpunkt eingefügt werden soll.
- Klicken Sie mit dem *Zeichenstift-Werkzeug* ✐. auf einen Ankerpunkt, um diesen wieder zu löschen.

Falsch
Werden zu viele Ankerpunkte gesetzt, wird die Kontur unruhig und stufig.

Richtig
Für dieses Objekt reichen 11 Ankerpunkte aus.

4 Klicken Sie mit dem *Direktauswahl-Werkzeug* ▷. auf einen Ankerpunkt, um diesen zu bearbeiten. Einen markierten Ankerpunkt erkennen Sie am farbigen

Quadrat – nicht markierte bilden ein weißes Quadrat mit farbiger Kontur. Außerdem zeigt ein markierter Ankerpunkt eine Linie mit Kreisen an den Enden **Ⓐ**:

- Durch Ziehen an den Endpunkten können Sie die Linie verlängern oder verkürzen **Ⓑ** und damit den Kurvenradius des Pfades beeinflussen.
- Durch eine Drehung der Linie ändern Sie die Ausrichtung des Pfades **Ⓒ**.
- Wenn Sie nur eine Hälfte der Linie verändern möchten **Ⓓ**, dann drücken Sie zusätzlich die [ALT]-Taste.

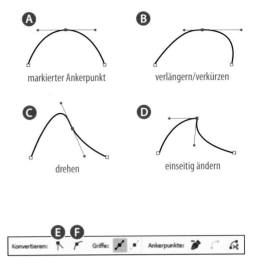

5 Am oberen Bildrand finden Sie weitere Möglichkeiten zur Pfadbearbeitung:

- Um den Ankerpunkt einer Kurve in eine Ecke umzuwandeln, klicken Sie auf **Ⓔ**.
- Um den Ankerpunkt einer Ecke in eine Kurve umzuwandeln, klicken Sie auf **Ⓕ**.

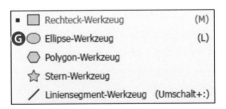

Vektorisieren mit geometrischen Formen

Manchmal ist es einfacher, für das Vektorisieren zunächst geometrische Formen zu verwenden und diese im Anschluss anzupassen. Folgende Werkzeuge stehen zur Verfügung:

- *Rechteck-Werkzeug:* Rechtecke oder – mit gedrückter ⇧-Taste – Quadrate.
- *Ellipsen-Werkzeug:* Ellipsen oder – mit gedrückter ⇧-Taste – Kreise.
- *Polygon-Werkzeug:* Klicken Sie auf die Zeichenfläche, um die gewünschte Anzahl an Ecken einzugeben.
- *Stern-Werkzeug:* Klicken Sie auf die Zeichenfläche, um die gewünschte Anzahl an Zacken einzugeben.
- *Linien-Werkzeug:* Klicken Sie auf die Zeichenfläche, wenn Sie die Länge und/oder den Winkel der Linie vorgeben möchten.

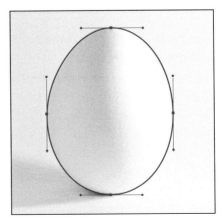

1 Verwenden Sie zunächst das *Ellipsen-Werkzeug* [◯.] **Ⓖ**, um das Ei grob nachzuzeichnen.

2 Da ein Ei keine exakte Ellipsenform hat, wurden im Anschluss die einzelnen Ankerpunkte mit dem *Direktauswahl-Werkzeug* [▷.] an die Form angepasst.

Grafik kolorieren

Farbverläufe mit dem Verlaufs-Werkzeug

1 Da sich die Frucht farblich vom Stiel unterscheiden soll, teilen wir zunächst den Pfad:
- Wählen Sie das *Schere-Werkzeug* ✂. (Falls dieses nicht sichtbar ist, klicken Sie etwas länger auf das *Radiergummi-Werkzeug*, um es einzublenden.)
- Klicken Sie nacheinander auf die beiden Ankerpunkte zwischen Stiel und Frucht **Ⓐ**.
- Verbinden Sie mit dem *Zeichenstift-Werkzeug* die Punkte, damit sich eine geschlossene Form (der Frucht) ergibt.

2 Wählen Sie das *Verlaufs-Werkzeug* ▣ und blenden Sie – falls nicht sichtbar – im Menü *Fenster > Verlauf* die Optionen ein.

3 Für dieses Objekt bietet sich die Verwendung des *Freihand-Verlaufs* **Ⓑ** mit *Punkten* **Ⓒ** an:
- Klicken Sie die Punkte nacheinander an, um sie an die gewünschte Stelle zu verschieben.
- Klicken Sie die Punkte nacheinander an, um ihnen die gewünschte Farbe zu geben. Hierzu können Sie den Farbwähler oder die *Pipette* **Ⓓ** verwenden und die Farben aus dem Originalbild entnehmen.
- Den Radius der Farbe können Sie durch Ziehen am Punkt **Ⓔ** verändern.
- Ergänzen Sie ggf. weitere Farbpunkte, indem Sie auf die Stelle klicken, wo der Punkt eingefügt werden soll.

4 Wiederholen Sie Schritt 3 für den Birnenstiel.

Farbverläufe mit dem Gitter-Werkzeug

Wenn Sie Ihre Grafiken mit detaillierten und realistischen Farbverläufen gestalten möchten, bietet sich hierfür das *Gitter-Werkzeug* ▨ an.

1 Erstellen Sie eine Kopie der Birne und löschen Sie den Farbverlauf.

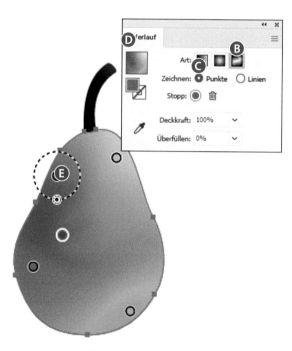

Verlaufs-Werkzeug

2 Geben Sie der Form zunächst eine Grundfarbe, z. B. ein Hellgrün.

3 Wählen Sie das *Gitter-Werkzeug* 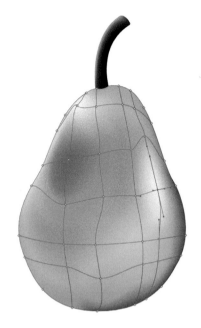 – es verbirgt sich möglicherweise hinter dem *Verlaufs-Werkzeug*:
- Klicken Sie auf eine beliebige Stelle, um das Gitter zu erzeugen.
- Geben Sie dem Gitterpunkt per Farbwähler oder mit der Pipette die gewünschte Farbe.
- Ergänzen Sie weitere Gitterpunkte.
- Wählen Sie das *Direktauswahl-Werkzeug* und klicken Sie auf die Gitterpunkte, um diese nachzubearbeiten. Es stehen Ihnen alle Möglichkeiten zur Verfügung, die Sie im Abschnitt über den Zeichenstift kennengelernt haben.

4 Wenden Sie das *Gitter-Werkzeug* auf den Birnenstiel an.

Gitter-Werkzeug

Vektorisieren mit dem Bildnachzeichner

Bei komplexen Motiven ist das manuelle Vektorisieren mühsam und zeitaufwendig. Illustrator stellt mit dem *Bildnachzeichner* eine Funktion für diese Aufgabe bereit. Dies klingt verlockend, doch Sie müssen wissen, dass die Ergebnisse oft nicht zufriedenstellend sind oder eine aufwendige Nachbearbeitung erforderlich machen. Die vermeintliche Zeitersparnis ist dann im Nachhinein nicht mehr groß.

1 Öffnen Sie in Illustrator eine neue Datei.

2 Platzieren Sie das Foto *ballon.jpg* (oder ein selbst gewähltes Motiv) im Menü *Datei > Platzieren…*

3 Klicken Sie im Menü oben auf *Bild zuschneiden* Ⓐ. Wählen Sie den Bereich, den Sie vektorisieren möchten.

4 Klicken Sie auf den Pfeil rechts des Bildnachzeichners, um aus den Vorgaben Ⓑ zu wählen. Verwenden Sie wenig Farben, z. B. 16 Farben. Je mehr Farben Sie wählen, umso höher wird die Anzahl an Pfaden und umso schwieriger wird die Nachbearbeitung.

5 Klicken Sie auf Ⓒ, um die Optionen einzublenden:
- Reduzieren Sie die *Farben* Ⓓ so weit wie möglich.
- Reduzieren Sie die Anzahl der *Pfade* Ⓔ.

- Wählen Sie – je nach Motiv –, ob die Pfade eher eckig oder eher abgerundet sein sollen **F**.
- Experimentieren Sie mit der Option *Rauschen* **G**: Durch einen hohen Wert werden Bilddetails ignoriert, also nicht nachgezeichnet.

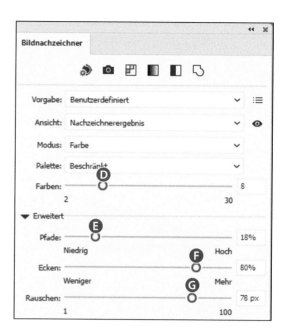

6 Klicken Sie, wenn Sie mit der Vorschau zufrieden sind, auf *Umwandeln* (**H** auf vorheriger Seite).

7 Machen Sie einen Rechtsklick auf die Grafik und wählen Sie die Option *Gruppierung aufheben*.

8 Löschen Sie nicht benötigte Pfade.

9 Fassen Sie Pfade, die zusammengehören sollen, zu Einheiten zusammen:
- Klicken Sie nacheinander mit gedrückter ⇧-Taste die Pfade an, die Sie kombinieren möchten **I**.
- Wählen Sie im Menü *Fenster > Pathfinder* und danach die Option *Vereinen* **J**.

10 Um glattere Verläufe zu erhalten, können Sie im Menü *Objekt > Pfad > Vereinfachen…* die Anzahl der Ankerpunkte reduzieren.

Interaktiv malen

1 Wählen Sie das *Auswahl-Werkzeug* ▶. Ziehen Sie mit gedrückter Maustaste einen Rahmen um den Ballon.

2 Wählen Sie im Menü *Objekt > Interaktiv malen > Erstellen* und danach das zugehörige Werkzeug[2] 🖦.

3 Nehmen Sie mit gedrückter ALT-Taste eine Farbe auf, z. B. aus dem Originalbild. Bewegen Sie das Werkzeug über Ihre Grafik, um die gewünschten Bereiche mit der gewählten Farbe zu versehen **K**.

4 Wiederholen Sie den Vorgang für alle Flächen.

5 Beenden Sie den Modus *Interaktiv malen*, indem Sie im oberen Menü auf *Umwandeln* klicken.

Interaktiv malen

---

2   Falls das Werkzeug ausgeblendet ist: Klicken Sie auf die drei Punkte am Ende Werkzeugleiste, um alle Werkzeuge einzublenden.

Bibliothek der Mediengestaltung

Die Reihe zur Mediengestaltung in 26 Bänden

Die Bibliothek der Mediengestaltung bietet ein umfassendes Wissen zur Mediengestaltung. Inhaltliche Leitlinien sind die Entwicklungen in der Werbe- und Medienbranche, die Berücksichtigung der aktuellen Rahmenpläne und Studienordnungen sowie die Prüfungsanforderungen der Ausbildungs- und Studiengänge.

Alle Bände enthalten zahlreiche praxisorientierte Aufgaben mit Musterlösungen und eignen sich als Lehr- und Arbeitsbücher an Schulen sowie Hochschulen und zum Selbststudium.

Die folgenden Bände sind im Set enthalten:

- Visuelle Kommunikation
- Digitale Farbe
- Typografie
- Digitales Bild
- Digitale Fotografie
- Zeichen und Grafik
- AV-Medien
- Animation
- Printdesign
- Druckvorstufe
- Druck
- Crossmedia Publishing
- PDF
- Webdesign
- HTML5 und CSS3
- Webtechnologien
- Digital Publishing
- Datenmanagement
- Informationstechnik
- Internet
- Medienrecht
- Medienmarketing
- Medienworkflow
- Präsentation
- Produktdesign
- Designgeschichte

Alle weiteren Angaben zu den Bänden und Sets finden Sie hier:

www.bi-me.de
https://www.springer.com/series/15546

Basisset Gestaltung und Medientechnik

Dieses Basisset enthält sieben Bände der Bibliothek der Mediengestaltung, die zusammen ein solides Grundlagenwissen der Gestaltung und Medientechnik bieten. Die Auswahl der Bände ist abgestimmt auf die Lehrpläne an **Beruflichen Gymnasien, Berufskollegs und Berufsfachschulen** und eignet sich somit optimal zur Unterrichtsbegleitung und Prüfungsvorbereitung.

- Visuelle Kommunikation
- Typografie
- Printdesign
- Webdesign
- HTML5 und CSS3
- Produktdesign
- Designgeschichte

Basisset Mediengestaltung

Dieses Basisset Mediengestaltung enthält sieben Bände der Bibliothek der Mediengestaltung, die zusammen ein solides Grundlagenwissen der Mediengestaltung bieten. Die Auswahl der Bände ist abgestimmt auf die Themen der **Ausbildung zum/zur Mediengestalter/in Digital und Print** und bietet eine optimale Prüfungsvorbereitung.

- Visuelle Kommunikation
- Typografie
- Digitale Fotografie
- Zeichen und Grafik
- Datenmanagement
- Medienrecht
- Präsentation

Aufbauset Printmedien

Dieses Aufbauset enthält sieben Bände der Bibliothek der Mediengestaltung aus dem Bereich Printmedien. Die Auswahl der Bände ist abgestimmt auf die Themen der **Ausbildung zum/zur Mediengestalter/in Digital und Print im Schwerpunkt Printmedien** und bietet als Ergänzung zum Basisset Mediengestaltung eine optimale Prüfungsvorbereitung.

- Digitale Farbe
- Digitales Bild
- Printdesign
- Druckvorstufe
- Druck
- Crossmedia Publishing
- PDF

Aufbauset Digitalmedien

Dieses Aufbauset enthält sieben Bände der Bibliothek der Mediengestaltung aus dem Bereich Digitalmedien. Die Auswahl der Bände ist abgestimmt auf die Themen der **Ausbildung zum/zur Mediengestalter/in Digital und Print im Schwerpunkt Digitalmedien** und bietet als Ergänzung zum Basisset Mediengestaltung eine optimale Prüfungsvorbereitung.

- AV-Medien
- Animation
- Webdesign
- HTML5 und CSS3
- Webtechnologien
- Digital Publishing
- Internet

Printed in the United States
by Baker & Taylor Publisher Services